『사고전서四庫全書』에 나타난

발해조선의 역사

심백강 지음

북경은
한국인의 고대영토,
역사주권
한국에 있다

『사고전서』에서 살펴본 바에 따르면 지금 중국의 수도 북경은 본래
발해조선의 강역으로서 한국인의 고대 영토였고 따라서 북경의 역사
주권은 우리 한국에 있다. 한국인이 북경의 연고권을 주장할 수 있는
역사적 근거가 『사고전서』라는 세계가 공인하는 자료에 담겨 있다.

바른역사

『사고전서四庫全書』에 나타난

발해조선의 역사

서 문

중국의 발해유역은 북쪽으로 올라가면 수렵이 가능한 초원이 있고 서쪽으로 들어가면 농사가 가능한 농경지가 있으며 남쪽에는 어렵이 가능한 발해가 있다.

한마디로 말해서 전 중국에서 가장 살기 좋은 천혜의 땅이 바로 동양의 지중해 발해만이다. 이곳 발해만에서 중원의 황하문명보다 무려 2000년을 앞선 아시아 최고의 선진문화가 탄생했다. 그것을 고고학적으로 뒷받침하는 것이 만리장성 밖 내몽골 적봉시에서 발굴된 홍산문화이다.

제단, 여신전, 적석총으로 상징되는 홍산문화는 동이 밝족 치우蚩尤 천왕 현도씨玄都氏가 건국한 환국桓國의 유적으로 평가된다.

아시아의 첫 국가인 내몽골 적봉시의 환국을 계승, 밝족의 구이九夷 민족을 통일하여, 『산해경』에서 말한 바와 같이 "발해 북쪽 연산燕山 남쪽(海北山南)" 즉 오늘의 북경과 진황도시 일대에 첫 통일 제국을 건설한 것이 발해조선이다.

약 4500년 전 발해만에서 건국하여 산동반도, 요동반도, 한반도를 무대로 활동한 발해조선은 『산해경』, 『무경총요』, 『태평환우기』, 『두로공신도비문』 등이 문헌적으로 그것을 증명하고 하가점하층문화가 고고학적으로 이를 뒷 받침 한다.

한족, 한문화는 유방의 한漢왕조(서기전 202년 건국)를 출발점으로 하므로 2200년 이전의 중국 역사상에는 오늘날의 한족은 존재하지 않았다.

한족은 8000년 전 동북방 발해유역에서 터전을 이루고 살아가던 동이 밝달민족의 한 갈래가 2000여 년 전 황하 중류로 이동해 가서 독자적으로 깃발을 세우고 독립한 민족으로서 엄격히 말하면 밝달민족의 소수민족이자 발해조선의 지방정권이라고 말할 수 있다.

그런데 최근 중국 공산당은 고조선을 위시한 부여, 고구려, 백제 등 우리 밝달민족의 고대사를 중국 역사에 포함시키며 이를 한족의 소수민족, 중국의 지방정권이라고 강변한다.

오늘날 중국 공산당의 지도층은 홍위병 세대다. 홍위병 세대는 이념논쟁에 휘말려 차분히 공부할 시간적 여유가 없었다. 밝달민족의 한국사가 한족의 중국사라는 저들의 억지 주장은 역사에 대한 무지와 무식을 스스로 폭로하는 것이다.

한족은 중국 역사상의 후발주자로서 정통성이 빈약하다. 그래서 저들은 동이족에 대해 항상 역사적 콤플렉스를 갖고 있었다. 자신들을 문명의 사징 중화中華, 동이족을 야만의 상징 오랑케로 비하한 화이사관華夷史觀도 따지고 보면 저들의 역사 콤플렉스가 만들어낸 것이다.

동이는 오랑캐가 아니라 그들이 아시아의 역사를 창조한 본류라는 사실은 『후한서』 동이전의 "이란 뿌리이다(夷者柢也)"라는 동이에 대한 개념 정의가 잘 설명해주고 있다고 하겠다.

그러나 화이사관은 어디까지나 중화를 높이고 동이를 배척하는 "존화양이尊華攘夷"에 충실할 뿐, 동이족의 존재 자체를 부정하거나 이를 중국역사에 포함시켜 다룬 경우는 드물었다.

그런데 지금 중국 공산당은 자기 조상들이 악마로 치부한 동이족의 영웅 치우천왕을 중화 삼조당中華三祖堂에 모셔 한족의 조상으로 둔갑시키는가 하면, 동북공정이라는 공사판 식 논리를 내세워 한국사를 중국사로 편입시키는 일찍이 지난 수천년 역사상 그 전례를 찾아볼 수 없는 해괴망측한 짓을 하고 있다.

더욱이 중국 공산당 총서기 시진핑은 당시 미국 대통령 트럼프를 만나 "한국은 역사상 중국의 일부였다."라고 동북공정 논리를 세계에 선전했는데 이는 한국을 향한 역사테러에 해당한다.

이런 끔찍한 역사테러를 당하고서도 덩치 큰 중국에 기가 눌려 말 한마디 못한 채 쥐죽은 듯이 있으면 그것은 테러를 묵인하고 방조하는 꼴이 되어 제2, 제3의 역사테러를 불러오게 될 것이다.

『사고전서四庫全書』는 청나라 건륭황제가 중국 5000년 역사상의 경서류(經), 역사서류(史), 제자백가류(子), 문집류(集) 등 고대 문헌 자료를 집대성하여 약 8만 권으로 편찬한 동양 사료의 보고이다.

『사고전서』 안에는 『삼국사기』, 『삼국유사』에서는 찾아볼 수 없는 고조선 관련 수많은 자료들이 담겨 있다. 특히 역사서가 아닌 제자백가나 시인의 문집 등에 발해 고조선의 아름다운 속살을 보여주는 진귀한 보석 같은 자료들이 여기저기 숨겨져 있다.

이는 한족 민족주의자들의 동이사에 대한 날조 말살 작업이 주로 역사서를 대상으로 진행되었고 제자백가나 문집 등에까지는 그러한 마수가 뻗치지 못했다는 증거라고 본다.

이 책은 『사고전서』에서 발해조선의 새로운 자료를 발굴하여 발해유역에 있었던 우리의 잃어버린 고대 조선의 찬란한 역사를 복원한 것이다.

『사고전서』에서 살펴본 바에 따르면 지금 중국의 수도 북경은 본래 발해조선의 강역으로서 한국인의 고대영토였고 따라서 북경의 역사주권은 우리 한국에 있다. 한국인이 북경의 연고권을 주장할 수 있는 역사적 근거가 『사고전서』라는 세계가 공인하는 자료에 담겨 있다.

발해조선을 『사고전서』로 되살려 아시아 역사의 물줄기를 바꾸어놓은 이 책은 "한국은 역사상 중국의 일부였다."고 주장하는 시진핑의 한국사에 대한 잘못된 역사 인식에 경종을 울려서 역사테러의 재발을 방지하는 역할을 하게 될 것이고 또한 중국의 동북공정이 얼마나 무지하고 무모한 짓인가를 세계에 널리 알리게 될 것이다.

압록강이나 청천강이 아닌 하북성 남쪽 보정시의 백석산과 역수가 고조선, 고구려시대 서쪽 국경선으로서, 밝달족은 지난날 중국 대륙의 역사 문화를 창조한 조연이 아니라 주역이었다. 이와 같은 밝달민족의 위대한 역사가 『사고전서』라는 세계가 공인하는 객관적인 자료에 의해 뒷받침된다는 사실에 한국인은 물론 중국인도 세계인도 깜짝 놀랄 것이다.

그러나 필자의 이러한 작업은 앞으로 2중 고에 직면할 것으로 예상된다. 첫째는 국내 반도사학으로부터의 도전이다. 대동강 낙랑, 청천강 국경 설을 주장해온 저들은 발해 고조선 설에 대해 입에 거품을 물고 비난의 화살을 퍼부을 것이 뻔하다.

둘째 동북공정을 통해 한국사를 중국사에 편입시키고 중국 국가주석까지 나서서 "한국은 중국의 일부였다"라고 세계를 향해 떠드는 판에 『사고전서』를 통한 발해유역 고조선의 객관적 입증은 중국의 눈에 가시가 되고 공격의 표적이 될 것이다.

필자가 고난과 위험을 감수하면서 이런 작업을 지속하는 이유는 무엇인가. 플라톤이 말한 "무지에서 오는 용맹함"과는 차원이 다르다고 본다. 필자는 이를 "확신에서 오는 용맹함"이라고 말하고 싶다.

인도를 한달 동안 배낭여행하고 나서 인도에 대해 책을 쓰는 그러한 무지에서 오는 용맹함이 아니라 나는 적어도 한눈팔지 않고 50여 년 동안 역사연구에 전념했으며, 여기서 오는 확신이 오늘의 이러한 기존의 상식을 뒤엎는 저서를 가능하게 한 용기의 원천이라고 본다.

나는 한국인으로서 한국을 사랑한다. 그러나 나는 우리 국조 단군이 민족을 넘어 인류를 사랑하라고 가르치신 홍익인간 정신을 본받아 국가와 민족을 넘어 인류를 사랑하는 사람이 되고자 노력한다.

그러므로 나는 인류는 형제라는 차원에서 국뽕도 싫어하고 동북공정도 반대한다. 나는 한국사연구에서 자료에 충실하고 열린 자세를 지향한다.

앞으로 이 책은 영문판, 일문판, 중문판이 간행되어 한국의 바른역사를 세계에 널리 알리게 될 것이다. 혹시 내용에 오류가 있다면 지적하고 비판해주기 바란다. 건전한 이견이나 합리적 비판은 겸허히 수용할 것을 약속한다.

끝으로 이 책은 대구 매일신문에 연재한 '심백강의 한국고대사' '동양고전으로 다시 찾는 발해조선의 역사'를 묶어 한 책으로 펴내는 것이다. 매일신문에 발표할 기회를 마련해주신 노진환회장님께 이 자리를 빌어 심심한 사의를 표한다.

광복 80년을 맞는 2024년(단기 4357년) 갑진년 8월 15일
용문산 자락 무이당无貳堂에서 심백강은 쓴다

차 례

01

서양의 로마시대에,
동양의 발해 2천년 왕조 있었다

**동양 고대문명을
대표하는 나라 발해조선**

로마는 서기전 753년 작은 도시국가에서 출발해 476년 서로마 제국 멸망까지 서양 지중해 세계의 중심이 되었다. 그래서 로마를

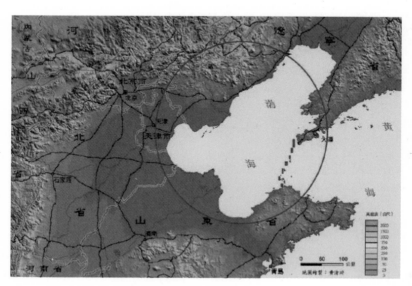

동양의 지중해 발해, 여기서 발해조선의 2,000년 역사가 펼쳐졌다

가리켜 '세계의 머리'라고 말한다. 아마도 서양문명을 대표하는 고대국가가 로마라는 사실에 이의를 제기할 사람은 없을 것이다.

그렇다면 서양의 로마시대에 동양의 고대문명을 대표하는 나라는 어떤 나라가 있는가. 『산해경』에서 "발해의 모퉁이에 있다."고 말한 발해조선이 당시 동양문명을 대표하는 나라였다고 말할 수 있다.

우리는 그동안 황하 유역을 중심으로 활동한 화하족이 고대 동양문명을 견인하는 역할을 했다고 인식해 왔다. 그러나 최근 들어 발해유역에서 제단, 여신전, 적석총으로 대표되는 선진적인 홍산문화가 발굴됨으로서 만리장성 밖 동북방 밝족의 동이문화가 중국문화의 원류로서 기능해온 사실이 밝혀졌다.

천년의 로마제국이 탄생한 서양 지중해

중원의 황하문명에 앞서 5,500년 전 밝족이 창조한 위대한 홍산문화를 계승하여 발해유역에서 첫 통일왕국을 건설한 나라가 발해조선이다. 동양문명의 새벽을 연 홍산문화와 동아시아의 첫 통일왕국 고조선이 발해유역을 중심으로 탄생할 수 있었던 것은, 발해유역 특히 발해만 일대가 전 중국에서 가장 살기 좋은 천혜의 땅이기 때문이다.

발해조선의 조선성이 있었던 발해만 부근의 북대하

　발해조선의 중심지로서 송宋나라 때까지 조선성朝鮮城 유적이
남아 있었다고 『태평환우기』에 기록된 하북도 노룡현 일대는, 지금
의 중국 하북성 북대하北戴河 부근이다. 바다와 육지가 인접한 이
지역은 오늘날 중국공산당 간부들의 휴양지로서 각광을 받고 있
다. 여름이면 모택동이 수영을 즐겼던 곳이다.

　이 지역을 역사상에서 요서遼西라고 호칭했는데 북쪽으로 올라
가면 수렵이 가능한 초원이 있고 서쪽으로 들어가면 농경 지대가
자리 잡고 있으며 남쪽으로 내려가면 어렵이 가능한 바다가 있다.

　황하 중류에 해당하는 중원지역은 농경은 가능하지만 초원도
바다도 없다. 그러므로 경제가 동북방 요서에 비해 낙후할 수 밖에
없었다. 발해만의 요서 지역은 농경과 수렵과 어렵이 동시에 가능
했기 때문에 여기서 다른 지역에 앞선 선진적인 경제와 문화가 발

달할 수 있었다. 이 천혜의 땅을 발판으로 동양문명의 새벽을 연 것이 홍산문화이고 그것을 계승발전시킨 나라가 발해조선이다.

발해는 동양의 지중해이다. 서양문명이 서양의 지중해에서 태동했던 것처럼 동양문명도 동양의 지중해인 발해유역에서 탄생하여 발해조선에 의해 계승됨으로써 발해조선이 동양 고대문명을 대표하는 나라로 발돋움할 수 있었다.

발해조선이 로마보다 위대한 이유

영국의 역사가 기번(1737~1794)은 『로마제국쇠망사』를 썼다. 자본주의의 아버지로 불리는 『국부론』의 저자 애덤 스미스는 "당신은 이 저서 하나로 유럽 문단의 최고봉에 섰다"라고 극찬했다. 영국 수상 처칠과 인도 수상 네루 등은 기번의 책에 심취하여 거기서 교훈을 얻었다고 실토했다. 이 책이 명저임을 엿볼 수 있는 대목이다.

발해조선의 조선성이 있었던 발해만 부근의 진황도시

발해조선의 옛 땅, 발해만의 일출

    그런데 기번은 『로마제국쇠망사』에서 위대한 로마 제국의 탄생에 대해 다음과 같이 기술했다. "로마의 위대함을 측정하는 기준은 정복의 신속성도 아니고 또한 그 영토의 광활함도 아니다. 영토의 크기만으로 평가한다면 불모의 땅 시베리아에서 군림했던 왕이 더 위대할 것이며, 알렉산드로스 대왕 또한 보스포루스 해협을 건너 7년째 되는 해 여름에는 어느새 인도까지 진출했다. 로마 제국의 위대함은 여러 대에 걸쳐 영민한 지혜에 의해 훌륭하게 유지되었다는 데서 찾을 수 있다."

    기번은 로마 제국의 위대성을 평가하는 기준을 정복의 신속성이나 영토의 광활함이 아닌 천여 년에 걸쳐 국가를 유지했던 영민한 지혜에 두었다.

　로마는 서양의 지중해에서 건국하여 천년 왕조를 유지했지만 동양의 지중해에서 건국한 발해조선은 2,000년 동안 왕조를 유지하였다. 기번의 평가 기준에 따르면 당연히 로마보다 발해조선이 훨씬 더 위대한 것이다.

　혹자는 발해조선이 2,000을 유지했다는 것이 과연 역사적 사실인가에 대해 의문을 제기할 수 있다.

　그러나 발해조선은 실재했고 2,000년 동안 존속했으며 로마보다 위대한 나라였다는 것이 여러 문헌자료를 통해서 고증이 가능하다.

발해조선의 2,000년 역사를 입증하는 문헌적 근거

　『삼국유사』 고조선조에 『위서魏書』를 인용하여 다음과 같이 말했다. "지금으로부터 2,000년 전에 단군왕검이란 분이 아사달에 도읍을 정하고 나라를 세워 조선이라 하였는데 요堯 임금과 같은 시대였다."

　『위서』는 남북조시대 북제北齊의 위수魏收(서기 507~572)가 편찬한 중국의 정사로서 선비족 북위 정권의 역사를 기술했다. 선비족은 고조선의 후예란 것은, 남북조시대 유신庾信이 쓴 「모용은신도비명」 서두에 조선朝鮮을 그들의 뿌리로 언급한 데서 잘 나타나 있다.

『위서』는 앞의 서기序記 즉 서론 부분에서 선비족의 먼 조상 20 여 대의 역사를 다루었는데 단군왕검에 관한 내용은 아마도 여기 에 포함되어 있었을 것이다.

일연이 고려 때『삼국유사』를 쓸 당시는 2,000년 전 건국한 단 군왕검의 기록을『위서』에서 보고 인용했는데 오늘날 중국의『위 서』에는 왜 이 기록이 사라지고 없는가.

중국의 송나라 즉 우리나라 고려시대까지는 발해조선의 역사가 전해졌다. 그런데 중국에서 명나라 주원장이 집권을 하고 그 지원 을 받아 이성계가 한반도에 한양조선을 세우면서 대륙의 지배자로 서 군림했던 발해조선의 역사가 말살을 당하기 시작했다.

이때『위서』를 비롯한 중국의 사서들에서 발해조선에 관한 많 은 기록이 삭제되었고 또 중국의 눈치를 보느라 우리 스스로도 발 해조선에 관한 기록을 감추거나 삭제하는 못난 짓을 했다.

그러면 고조선이 2,000년 동안 유지되었다는『위서』의 기록을 뒷받침할 근거를 어떻게 찾을 수 있는가. 명나라 이전의 중국문헌 을 눈여겨보면 그것이 가능하다.

『상서대전』에는 기자箕子가 "조선으로 갔다.(走之朝鮮)"라고 하였 고 '한서' 지리지에는 "은나라의 도가 쇠퇴하자 기자가 조선으로 떠 나갔다.(殷道衰 箕子去之朝鮮)"라고 하였다.

기자(?~서기전 1082)는 3,000년 전의 인물이다. 기자가 망명지로 선택한 나라가 조선이었다면 3,000년 전에 조선이 존재했다는 명 백한 증거 아니겠는가.

관중管仲(약 서기전 723~서기전 645)은 약 2,700년 전 춘추시대 제齊나라 재상으로 법가의 대표적 인물이다. 그의 저서 『관자』에 제나라가 "밝조선發朝鮮"과 교역한 기록이 나온다. 이는 관중이 생존했던 중국의 춘추시대에 발해조선이 존재했음을 보여주는 사료다.

『전국책戰國策』은 서기전 476년~서기전 221년까지 250여 년간의 전국시대 역사를 기술한 책이다. 『전국책』 가운데 "연나라 동쪽에 조선, 요동이 있다.(燕東有朝鮮遼東)"라고 보인다. 이는 지금으로부터 2,200~2,400년 전 중국의 전국시대에 연나라 동쪽에 조선이라는 나라가 있었다는 증거이다.

진시황은 서기전 221년에 중원을 통일했다. 『사기』 진시황본기에는 진시황의 강역을 설명하면서 "동쪽으로 바다와 조선에 이르렀다.(地東至海暨朝鮮)"라고 말하였다. 이는 진시황시대에 진나라 동쪽에 조선이란 나라가 건재했음을 말해주고 있다.

한무제 유철(서기전 156~서기전 87)은 서한의 제7대 황제이다. 『사기』 조선열전은 한무제가 조선을 공격한 사건을 다루고 있다. 이는 서한시대에 조선이 존재하고 있었음을 알려준다.

중국에서는 요임금(서기전 2447~서기전 2307) 시대로부터 한무제 시대까지 2,000여 년 동안 왕조가 무려 수십 번 교체되었는데 발해조선은 하, 은, 주 3대를 지나 춘추, 전국시대를 거쳐서 진시황, 한무제 시대까지 2,000여 년 동안 건재했다는 것이 중국의 역대 문헌기록을 통해서 입증된다. 로마를 능가하는 발해조선의 영명한 지혜가 아니면 이런 일이 과연 가능했겠는가.

로마는 겨우 천년 왕정을 유지했지만 발해조선은 인류역사상

유례가 없는 2,000년을 유지한 위대한 왕조였다. 동양문명을 대표하는 문명은 황하문명이 아니라 발해문명이고 동양의 고대문명을 대표하는 나라는 한족의 나라가 아니라 밝족의 발해조선이었던 것이다.

02

"발해의 모퉁이에 조선이 있다"
『산해경』에 고조선의 위치와 위상 담겨

『산해경』에
고조선의 정보 기록

『산해경』 해내경에는 첫 머리에 고조선에 관한 다음과 같은 기록이 나온다. "북해의 모퉁이에 나라가 있으니 그 이름을 조선이라

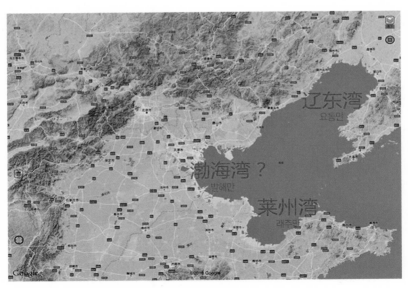

요동만, 발해만, 래주만, 고조선의 중심지는 발해만 부근에 있었다

한다.(北海之隅 有國 名曰朝鮮)"

여기서 말하는 북해는 오늘날의 발해를 가리킨다. 중국은 내륙으로 들어가면 바다가 없다. 중원에서 바라보았을 때 북쪽에 있는 바다는 발해가 유일하다.

『산해경』에 나오는 이 기록은 고조선과 관련하여 우리에게 매우 중요한 두 가지 정보를 알려 준다.

첫째는 고조선의 위치이다. 『산해경』은 고조선이 "발해의 모퉁이에 있다."라고 말하였다. 모퉁이와 모서리는 다르다. 모퉁이는 꺾어져 푹 들어간 곳을 가리키고 모서리는 모가진 가장자리 툭 튀어나온 곳을 말한다.

발해에는 모퉁이에 해당하는 곳이 세 군데가 있다. 발해만, 래주만, 요동만이 그것이다. 그러면 고조선은 발해의 세 모퉁이 중에서 어느 모퉁이에 있었을까. 발해만에 고조선의 중심지역이 있었다고 본다.

고조선의 선행문화인 홍산문화가 발해만의 적봉시, 조양시 일대에서 발굴되었고 조선하, 조선성 등 유적이 송나라 때까지 발해만 부근에 남아 있었기 때문이다.

『산해경』은 고조선이 발해만 유역에 자리 잡고 있었다는 것을 비록 짧지만 정확한 표현으로 우리에게 전달해 주고 있다. 그래서 필자는 이를 발해조선이라 지칭한다.

다음은 고조선의 위상과 관련된 문제이다. 반도사학자 중에는 고조선이 나라가 아니라 고을이라고 주장하는 사람도 있다. 그러나 『산해경』은 "발해의 모퉁이에 조선이란 나라가 있다."고 분명히

말했다. 조선은 어느 고을을 지칭하는 지명이 아니라 국가를 가리
키는 국명이었다. 『산해경』을 저술할 당시에 조선이란 이름을 가
진 나라가 발해만 부근에 이미 건국되어 있었던 것이다.

열수 동쪽, 발해 북쪽, 연산燕山 남쪽에 조선이 있다

『산해경』에는 고조선의 위치를 파악하는 데 참고가 되는 또 하나
의 중요한 기록이 전하고 있다. 해내북경에 나오는 다음 내용이다.

"조선은 열양의 동쪽, 바다의 북쪽, 산의 남쪽에 있다. 열양은
연나라에 속한다.(朝鮮 在列陽東 海北山南 列陽屬燕)"

여기서 먼저 "조선은 열양列陽의 동쪽에 있는데, 열양은 연燕나
라에 속한다"라는 내용을 분석할 필요가 있다. 중국 지도에 '열양'
이란 지명이 남아 있다면 문제는 간단하다. 그러나 고대 발해조선
의 위치가 밝혀지는 것을 꺼린 중국 한족이 그것을 그대로 남겨두
었을 리 만무하다. 그래서 현재 중국 지도 상에 열양이란 지명은
지워지고 없다.

그러면 『산해경』에서 말한 '열양'이 오늘날의 어딘지 알아내는
방법은 없는가. 진晉나라의 곽박郭璞(서기 276~324)은 열양의 열列은
"수명水名" 즉 물 이름이라고 말하였으므로 열수列水라는 강물을 찾
아내면 될 것이다.

현재 중국에는 열양이란 지명은 물론 곽박이 말한 열수列水도

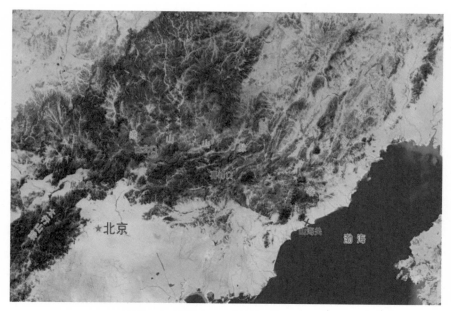

태행산 동쪽, 연산 남쪽, 발해 북쪽 지금의 북경일대가 고조선이 있던 지역이다

존재하지 않는다. 그러나 절망할 필요는 없다. 음이 비슷한 다른 글자로 바꾸어 역사의 진상을 은폐하는 것이 중국 한족들이 사용하는 상투적인 수법이기 때문에 글자는 다르지만, 발음이 같은 열수가 어디에 있는지 주목하여 검증하면 되는 것이다.

중국에서는 1914년 하북성, 요녕성, 내몽고자치구가 교차하는 지역에 열하성熱河省을 설치했다가 1955년 폐지했다. 이 지역은 현재의 하북성 승덕시, 내몽골 적봉시, 요녕성 조양시, 부신시, 건창현 등을 포괄하였으므로 지리상으로 볼 때 홍산문화가 창조되고 발해조선이 건국된 지역이다.

그러면 이 지역에 성省을 설치하면서 왜 이름을 열하성이라고

하였는가. 연산산맥 남측에서 발원한 열하熱河가 이 지역을 흘렀기
때문이다.

그런데 「열하지熱河志」에 열하熱河가 "고대에는 무렬수로 불렸
다.(古稱武列水)"는 기록이 있다. 이는 열하熱河가 본래 열수列水였다
는 증거이다.

후대에 한족들이 발해유역에서 활동한 밝족 발해조선의 존재를
감추고자 발해조선의 서쪽에 있었던 열수列水를 한자로 음차하여
표기하는 과정에서 베풀 열列자를 음이 비슷한 더울 열熱자로 바꾸
어 열수列水의 흔적을 지웠고 그럼으로써 발해유역에 있었던 발해
조선의 위치가 오리무중이 된 것이다.

여러 자료를 검토해볼 때 열수에 무武 자가 추가되어 무열수라
지칭한 것도 진晉나라 이후의 일이며 그 이전에는 그냥 열수였다.
그러니까 본래 열수列水가 무자를 추가하여 무열수武列水가 되고
무열수는 다시 열하熱河로 바뀌게 된 것이다.

중국이 근대에 설치했던 열하성熱河省이 홍산문화와 발해조선의
지역을 포괄하고 있었던 것을 볼 때 『산해경』에서 "조선이 열양의
동쪽, 즉 열수의 동쪽에 있다"고 말한 그 열수列水는 바로 열하熱河
임이 의심의 여지가 없다고 여겨진다.

한양조선의 학자 박지원朴趾源(1737~1805)은 청나라 건륭황제의
70세 생신을 축하하고자 중국을 방문한 사절단을 따라 1780년 중
국에 갔다. 그는 귀국 후 압록강을 건너 요녕성을 지나 북경과 열
하熱河에 도착하기까지의 여행일정을 기록하여 후세에 남겼다. 그
것이 『열하일기熱河日記』이다. 그래서 한국인들에게 열하라는 단

어가 낯설지 않다. 그러나 『열하일기』의 열하가 열수列水이고 그 열수가 바로 발해조선의 서쪽에 있던 강이라는 사실을 아는 사람은 드물다.

그리고 『산해경』에서는 "열양은 연나라에 소속되어 있다"라고 말했는데 중국 역사상에는 여러 개의 연나라가 존재했으므로 여기서 말하는 연나라가 어느 시기의 연나라인지를 먼저 검증해야 한다.

『좌전』에 "무왕이 상나라와 싸워 이기자 숙신, 연, 박이 우리 서주의 북방 영토가 되었다.(及武王克商 肅愼燕亳 吾北土也)"라는 기록이 보인다. 이는 서주 무왕 이전에 이미 숙신과 인접한 연나라가 동북방에 존재했음을 말해준다.

『사기』 연소공세가燕召公世家에는 "서주 무왕이 은나라 주왕을 정벌하고 나서 소공을 북연에 봉했다.(周武王之伐紂也 封召公于北燕)"라는 기록이 나온다. 이때의 북연은 오늘날의 하북성 남쪽에 있었다. 그 뒤 동진東晉시대에 선비족 모용씨가 발해유역의 북경 부근에 나라를 세우고 국호를 연이라 하였다.

『산해경』에서 "열양은 연나라에 속한다."라고 말한 그 연나라는 하북성 남쪽에 있던 소공의 연나라 이전에, 연산 아래 지금의 북경 부근에 있었던 최초의 연나라 즉 선연先燕을 가리킨 것이라고 보는 것이 옳다. 발해조선은 선비족이 동진시대에 북경 부근에 연나라를 건국하기 수천 년 전부터 이미 존재했던 나라이다.

『산해경』의 해내경과 해내북경, 조선의 위치 구체적 입증

해내북경에서 조선의 위치를 설명하면서 "바다의 북쪽, 산의 남쪽에 있다.(海北山南)"고 언급한 부분에 대하여 지금까지 한, 중, 일 학자들의 『산해경』 주석을 보면 이를 빼놓고 해석을 하지 않은 경우가 대부분이다.

어느 특정한 산이나 바다를 적시하지 않아서 해내북경에서 말한 산과 바다가 현재의 어떤 산과 바다를 가리키는지 분명하지 않기 때문이다.

그러나 『산해경』 해내북경에서 어느 바다를 특정하지 않고 언급한 바다가 여러 군데 보이는데 그 바다는 모두 발해를 가리킨 것이다. 예컨대 "봉래산이 바다 가운데 있다.(蓬萊山在海中)"고 말했는데 진나라의 곽박은 여기 말한 바다는 발해라고 하였다.

그리고 『산해경』 해내경에서 "조선이 발해의 모퉁이에 있다."라고 하였으니 해내북경에서 "조선이 바다의 북쪽에 있다."라고 말한 바다는 발해를 가리킨다는 것은 재론의 여지가 없다.

그러면 해내북경에서 "조선이 산의 남쪽에 있다."라고 말한 그 산은 어떤 산을 가리킨 것인가. 필자는 연산을 가리킨 것이라고 본다. 송나라 때까지 조선하, 조선성 등이 연산의 남쪽에 존재했기 때문이다.

"발해의 모퉁이에 조선이 있다."는 『산해경』 해내경의 기록을 통해서, 발해조선의 위치를 발해만 부근으로 측정할 수는 있지만,

연산 산맥 남쪽 지금의 조백하가 바로 송나라 때 조선하로 부르던 강이다

구체적이지 않다. 그런데 해내북경에서는 "조선이 하북성 북쪽에 있던 연나라 열수의 동쪽, 발해의 북쪽, 연산 남쪽에 있다"고 발해 유역에 있던 조선의 위치를 구체적으로 명시하였다.

발해조선의 중심지는 발해만에 있었고 그 강역은 발해유역의 내몽골, 하북성, 요녕성, 산동성, 한반도를 포함하였다. 발해조선의 위치와 강역은 『산해경』의 해내경과 해내북경의 두 기록으로 완전하게 입증이 된다고 하겠다.

03

발해만 부근 단군조선을
역사로 기록한 『산해경』

발해조선의 역사를 전해준
고마운 책 『산해경』

사대주의자 김부식은 『삼국사기』에서 신라가 조선의 유민이 세운 나라라고 말하면서도 고조선이 어떤 나라인가에 대해 한마디도 언급하지 않았다. 이는 우리 역사에서 고조선이 사라질뻔한 일로서 생각만 해도 아찔하다.

『산해경』의 저자로 전해지는 백익

일연스님이 『삼국유사』를 저술하면서 고려시대까지 전해오던 우리 민족의 옛 기록 『고기古記』를 인용하여 삼국시대 이전에 단군의 고조선이 존재했다는 사실을 후손들에게 알려준 것은 천만다행이다.

다만 『삼국유사』 고조선조는 그 기록이 너무 빈약하다. 이것만으로는 단군조선이 신화인지 실제 역사인지 한반도의 대동강 유역에 있었는지 대륙의 발해유역에 있었는지 알 길이 막연하다.

『삼국유사』에서 『산해경』의 발해조선 관련 기록을 인용하여 고조선을 설명했더라면 고조선 신화설, 반도사관은 아예 생겨나지도 않았을 것이다.

그런 점에서 필자가 『산해경』에 있는 고조선 관련 기록의 정확한 해석을 통해 발해조선의 위치와 강역을 구체적으로 밝힌 것은 비록 늦었지만, 우리 상고사의 재정립이라는 차원에서 볼 때 매우 큰 의미가 있다고 하겠다.

『산해경』은 사마천도 인용한 세계적으로 공인된 상고사 자료

상고사는 자료의 정확한 인용이나 해석도 물론 필요하지만, 사료적 가치가 그에 못지않게 중요하다. 발해조선의 역사를 우리에게 전해준 고마운 책 『산해경』은 어떤 책인가.

『산해경』은 모두 18권으로 구성되어 있다. 그 분량이 약 3만 1,000자에 달하여 '논어'보다도 훨씬 방대하다.

『산해경』의 내용을 살펴보면 상고시대의 신화, 역사, 문화, 천문, 지리, 동물, 식물, 의학, 종교, 인류학, 민족학, 해양학 등을 모두 포함하고 있다. 상고시대 인류의 지리환경, 생활상, 사상체계,

문화상태를 한눈에 살펴볼 수 있는 이 책은 현대적으로 표현하면 '상고세계문화사대계'라고 말할 수 있다.

그래서 『산해경』의 사료적 가치는 세계적으로 공인을 받고 있으며 '주역', '황제내경'과 함께 동양 상고시대 삼대 명저로 꼽힌다.

그러면 『산해경』은 언제 누구에 의해서 저술된 책인가. 여러 가지 설이 있는데 『산해경』의 저자에 관하여 최초로 언급한 사람은 전한시대의 유흠劉歆(약 서기전 50년~서기 23년)이다.

유흠은 당시 황실 도서를 정리하다가 『산해경』을 발견하고 이 책에 대해 황제에게 보고하는 「상산해경표上山海經表」를 올렸는데,

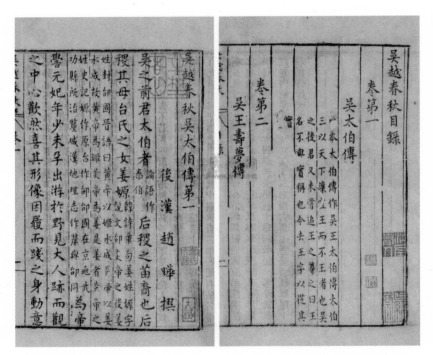

후한시대 조엽이 지은 『오월춘추』

하夏나라 국조 우禹임금이 치산치수할 때 백익伯益(?~약서기전 1973)이 하우와 동행하면서 지은 것이라고 말했다.

후한시대의 조엽趙曄이 춘추전국시대 오, 월 두 나라의 역사를 기술한 『오월춘추』에서도 『산해경』의 저자는 백익이라 하였고 후한시대 『논형』의 저자 왕충 또한 『산해경』의 저자가 백익이라는 데 견해를 같이했다. 적어도 한나라시대까지는 『산해경』의 저자가 백익이라는 사실에 이의를 제기한 사람은 없었다.

한족 민족주의가 강조되던 명나라시대에 호응린胡應麟이 『산해경』이 상고시대 백익의 저술이라는 데 이의를 제기하고 춘추전국시대 이후의 작품이라고 말했는데 근, 현대 중국 학계에서는 이 설이 주류를 이루고 있다.

현대의 중국 학자는 하우시대에 백익이 초창草創했고 춘추전국시대에 완성되었으며 양한, 위진시대를 거치면서 보완되었다는 절충적인 견해를 제시하기도 했다.

백익은 4,000년 전 발해유역 산동성 비현費縣 출신으로 동이족 계통의 인물이다. 진시황의 조상이기도 하다. 전한시대 유흠이나 후한시대 조엽, 왕충의 말처럼 『산해경』이 백익의 저술이

후한시대 왕충이 저술한 『논형』

라면 『산해경』은 『주역』보다도 연대가 1,000년 이상 앞서는 책인 셈이다.

　『산해경』은 유흠이 2,000년 전 발견했을 당시 이미 한나라에서 는 사용하지 않는 상고시대의 문자로 기록되어 있었다고 한다.

　『산해경』의 해외동경과 해내동경 두 곳의 말미에는 "건평 원년 (서기전 6년)에 유흠이 『산해경』을 교열 정리하는 작업의 주요업무 를 담당했다"는 "영주성領主省"이라는 내용이 실려 있다.

　이는 2,000년 전에 유흠이 『산해경』을 발견하고 이를 교열 정리 했음을 보여주는 흔적인데 근대 중국의 국학대사國學大師 장태렴章 太炎은 유흠을 "공자 이후의 최대 인물이다."라고 높이 평가하였다.

　지금 『산해경』이 4,000년 전 백익의 저술인지 춘추전국시대 이 후의 작품인지 속단하기 어렵다. 그러나 전한시대의 저명한 학자 유흠이 교열 정리작업에 참 여한 것을 보면 2,000년 이전 의 상고사 자료인 것은 부인 할 수 없는 사실이다.

『사기』를 쓰면서 『산해경』을 인용한 사마천

　그리고 사마천은 서기 전 145년에 태어나 최초의 기전 체紀傳體 역사서 '사기史記'를 저술하여 중국 역사학의 아 버지로 불리는 인물인데 그 가 『사기』 대완전大宛傳을 쓰 면서 『산해경』을 인용했다.

이는 두 가지 면에서 큰 의미를 지닌다.

첫째 『산해경』은 한국상고사에 쌍벽을 이루는 두 책 『삼국사기』, 『삼국유사』보다 무려 1천여 년이나 앞선 전한시대에 이미 존재했다는 것이고 둘째는 사마천도 인용한 바 있는 사료적 가치가 세계적으로 공인된 상고사 자료라는 것이다.

『산해경』을 왜곡 폄하한 근, 현대 중국 일본학자

『산해경』은 고대의 중국 학자들로부터 높은 평가를 받았다. 그런데 근, 현대 일본과 중국 학자들로부터 평가절하되었다. 역사가 아닌 신화로 또는 위서로 폄하되기도 했다.

『산해경』이 근, 현대 중국 일본 학자들로부터 평가절하된 것은 두 가지 이유가 있다고 본다. 첫째는 일본은 물론 중국 한족의 첫 국가인 한나라 또한 그 역사가 2,000년을 넘지 않아서 2,000년 이전의 역사자료인 『산해경』에 일본 한국漢國 관련 기사는 한마디도 나타나지 않기 때문이다.

둘째는 한때 일본의 식민지였고 중국의 속국이었던 조선은 그와 관련된 기록이 『산해경』 여기저기서 나타날 뿐 아니라 한반도가 아닌 발해만 부근에서 건국한 사실이 기록되어 있기 때문이다.

이는 중국과 일본의 민족감정을 자극하기에 충분했고 역사대국, 경제대국을 자랑하는 저들의 자존심에 상처를 주는 일이기도 하다. 그래서 저들은 뻔히 알면서도 의도적으로 『산해경』의 가치를 깎아내리고 내용을 왜곡했다.

1897년 상해에서 창업한 상무인서관은 중국출판업계에서 역사가 가장 오래된 중국의 대표적인 출판사다. 오늘날 중국에 『산해경』 주석서가 수십 종이 나와 있는데 그것을 일일이 다 열거할 수는 없고 상무인서관 번역본을 통해 고조선 왜곡의 한 실례를 보기로 한다.

해내북경의 "朝鮮 在列陽東 海北山南 列陽屬燕"을 어떻게 역주하였는가.

> ▶ **역문** : "조선은 열양의 동쪽에 있다. 황해의 북쪽, 산의 남쪽에 위치해 있다. 열양은 연나라의 땅에 속한다."

> ▶ **주석** : "조선은 지금의 조선반도에 위치해 있었다. 열양은 지명이다. 열은 열수列水를 가리키는데 지금 조선의 대동강을 가리킨다는 설이 있다. 열양은 열수의 남쪽 즉 대동강 남쪽 지방을 가리킨다. 바다는 황해를 가리킨다. 산은 장백산을 가리킨다는 설이 있다."

『산해경』 상무인서관 번역본 역주자 풍국초馮國超는 해내북경에 나오는 조선을 현재의 한반도로 설정하고 열수를 대동강, 바다를 황해, 산을 장백산으로 인식하였다.

해내북경에서 "조선이 바다의 북쪽에 있다"고 말한 바다를 황해로 번역하면 해내경에서 "발해의 모퉁이에 조선이 있다."고 한 기록과 모순된다. 열수를 대동강으로 보면 열수의 동쪽에 조선이 있다고 한 기록과 맞지 않고 산을 장백산으로 보면 고조선을 언급할 때 갈석산이 등장하는 다른 기록과 어긋난다.

『산해경』에 나오는 조선이 만일 우리 밝족의 나라가 아닌 한족의 국가였다면 중국 최고 권위를 자랑하는 상무인서관 출판사에서 이런 근거 없는 엉터리 번역본을 출간했겠는가. 이는 중국대륙에서 발해조선의 역사를 지우기 위한 의도적인 오역이다.

04

자랑스러운 발해조선 역사,
감추고 왜곡하는 반도사학

자기 나라 역사를 은폐 말살하려고 안달이 난
한국의 반도사학

중국이나 일본의 학자들이야 『산해경』에 나오는 조선의 이야기가 자기들의 자존심에 상처를 주는 남의 나라 역사 이야기라서 이를 왜곡 폄하하는 데 앞장섰다고 치자.

자기 민족, 자기 나라의 자랑스러운 역사를 은폐 말살하려고 안달이 난 한국의 반도사학은 저들의 행태를 보면 과연 한국인이 맞는지 의아스럽다.

한국의 반도사학이 『산해경』에 나오는 발해조선을 어떻게 은폐 말살했는지 반도사학의 선두에 서 있는 노태돈, 송호정 두 교수의 경우를 통해 살펴보기로 한다.

노태돈의
『산해경』 고조선 기사 은폐

노태돈은 서울대 국사학과 교수로서 한국 반도사학의 대부라 해도 과언이 아니다. 그는 2,000년도에 『단군과 고조선사』라는 책을 펴냈다. 이 책 제2부의 "고조선 초기 중심지"라는 제목으로 쓴 글에서 노태돈은 다음과 같이 말했다.

노태돈이 저술한 『단군과 고조선사』

"이 문제를 생각함에 있어선, 먼저 언제부터 조선이 역사상에 모습이 나타나게 되었는가를 문헌자료를 통해 검토해볼 필요가 있다. 조선에 대한 기록으로선 『산해경』의 해내북경과 해내경에서 각각 조선에 관계된 간략한 언급이 있음을 볼 수 있다.
그런데 이 『산해경』은 익히 알려진 바처럼 그 내용이 어느 한 시기에 쓰인 것이 아니며 춘추 말기에서부터 전한 대에 걸치는 여러 시기에 여러 곳에서 작성된 기사들을 모은 것이다. 그런 만큼 이 책에서 보이는 조선에 대한 언급이 언제 때의 그것인지 단정키 어렵다."

노태돈의 주장은 『산해경』의 조선에 관한 언급이 간략하다는 것과 그것이 어느 시기의 것인지 단정하기 어렵다는 논리로 요약

된다.

　노태돈은 조선이 역사상에 나타나게 된 문헌자료를 검토하면서 『산해경』을 맨 먼저 언급했다. 이는 노태돈도 조선에 관한 최초의 자료가 『산해경』이라는 사실은 인정했음을 말해준다. 다만, 노태돈은 『산해경』에서 조선에 대해 언급한 내용에 대해서는 한마디도 인용하지 않았다.

　『산해경』의 내용이 장황하다면 모르지만, 그도 말한 것처럼 몇 글자 안 되는 간단한 것인데 노태돈은 왜 이를 외면하고 인용하지 않았을까.

　『산해경』의 고조선에 관한 언급은 두 가지이다. 하나는 발해의 모퉁이에 조선이란 나라가 있다는 것이고 다른 하나는 조선이 열수의 동쪽, 바다의 북쪽, 산의 남쪽에 있다는 것이다.

　노태돈의 저서 『단군과 고조선사』는 2부 "고조선사와 단군신화"에서 고조선의 서쪽에 있던 열수洌水를 대동강, 한과 고조선의 경계 패수를 청천강이라고 말했다. 그리고 "한 대의 요동군과 낙랑군의 경계가 청천강이고 연과 후기고조선과의 경계도 청천강이었다"고 주장했다.

　『산해경』의 "발해의 모퉁이에 조선이 있다"는 기록은 노태돈의 대동강 조선 주장과는 괴리가 너무 심하다. 만일 『산해경』의 내용을 인용하면 노태돈의 주장은 설 자리를 잃게 된다. 그래서 노태돈은 『산해경』에서 말한 내용을 의도적으로 인용하지 않았다고 본다.

　연나라 장수 진개秦開가 고조선의 서쪽을 공격하여 2천 리 땅을 빼앗아 갔다는 출처가 명확하지 않은 '위략'의 장문은 인용하면서 발해조선의 위치와 강역이 분명하게 드러나 있는『산해경』의 간단한 내용은 인용하지 않은 노태돈의 행위는 발해조선의 의도적인 은폐에 해당한다.

이는 우리 민족의 빛나는 역사는 감추고 부끄러운 역사는 부각시키려는 반도사관의 심리가 작용한 것으로 볼 수 밖에 없다.

송호정의
『산해경』 고조선 기사 조작

『산해경』의 발해조선을 말살하는데 중, 일 학자보다 한 술 더 뜬 게 송호정이다. 현재 한국교원대학교 역사교육과 교수로 재직 중인 송호정은 석, 박사 모두 고조선을 연구한 논문으로 서울대에서 학위를 받았다.

송호정은 2003년『한국고대사속의 고조선사』라는 책을 펴냈는데 이 책 1장에 "『산해경』에 기록된 조선"이란 제목으로 쓴 글이 실려 있다.

『산해경』의 저자와 내용에 대한 그의 관점을 피력했는데 이를 요약하여 인용하면 아래와 같다.

"『산해경』은 곽박郭璞(276~324)이 춘추시대 말기부터 전한시대에 걸쳐 여러 곳에서 작성된 기사들을 편집한 책이다. 때문에『산해경』안의 경마다 차이가 있어 조선에 대한 기록 또한 언제 것이라고 단정하기 어렵다. …

해내북경에는 '조선이 열양列陽의 동쪽, 바다의 북쪽, 산의 남쪽에 있었고 열양은 연에 속했다.'라고 씌어 있다. 여기서 열양은 기원 전 3세기 무렵 연나라의 동쪽 지방, 곧 연나라가 지배하던 조선의 서쪽 영역을 말한다고 한다. …

또 해내북경에서 말한 '바다의 북쪽, 산의 남쪽(海北山南)'의… 기록은 특정 바다와 특정 지역을 가리키는 것이 아니고 막연한 방향만을 제시하고 있어 고조선의 위치를 말해주는 근거는 되지 못한다.

진나라 곽박이 지은 『산해경 주해』

또한 해내경에서 '동해의 안쪽, 북해의 모퉁이(東海之內 北海之隅)'
라고 한 것은 넓게 보아 조선이 동해의 범위 안, 즉 동해에 면하
였음을 의미하는 것이고 좀 더 구체적으로 말하면 동해 북부北部
의 한쪽 가에 있다는 뜻으로도 볼 수 있다."

송호정의『산해경』에 대한 설명은 세 가지로 정리된다. 첫째『산
해경』은 곽박이 편집한 책이라고 못 박아서 말했다.

곽박은 동진시대 사람으로『산해경』의 저자가 아니라 주석서를
펴낸 인물이다. 송호정은 무슨 근거로 이런 주장을 하였는가. 일본
의 오카모토 타다시(岡本正)가 1960년『산해경』을 연구하여 '중국
고대사연구'에서 발표한 내용을 그 근거로 제시했다.

『산해경』의 저자와 관련해서 서한의 유흠, 동한의 왕충과 같은
쟁쟁한 학자들이 4,000년 전 백익의 저술이라 말하고 중국 역대의
역사학자들이 춘추전국시대의 저술이라고 주장하는 등 다양한 견
해가 있음을 무시한 채 일방적으로 현대 일본학자의 주장에 근거
하여『산해경』을 곽박의 편찬으로 단정한 것은『산해경』의 사료적
가치를 저평가함으로써『산해경』의 발해조선 기록을 말살하려는
의도가 역력하다.

둘째 송호정은 "바다의 북쪽, 산의 남쪽(海北山南)에 있다."고 해
내북경에서 말한 조선은 막연한 방향만을 제시하고 있어 고조선의
위치를 알 수 없다고 하였다.

『해내북경』에서 어느 바다를 특정하지 않고 말한 바다는 모두
발해를 가리킨다. 또한 "조선은 발해의 모퉁이에 있다"고『해내경』

에서 말했다. 그리고 고조선을 말할 때 등장하는 중요한 산은 연산이다.

그러므로 조선의 위치를 설명한 『해내북경』의 "해북산남"은 발해의 북쪽, 연산 남쪽을 가리킨다는 것은 이론의 여지가 없다. 그런데 송호정이 막연한 방향만을 제시하고 있어 고조선의 위치를 알 수 없다며 얼버무린 것은 역사지식의 천박함을 스스로 드러낸 것이다.

셋째 "『해내경』에서 '동해의 안쪽, 북해의 모퉁이(東海之內 北海之隅)'라고 말한 조선은 넓게 보아 조선이 동해의 범위 안, 좀 더 구체적으로 말하면 동해북부의 한쪽 가에 있다는 뜻으로 볼수 있다."라고 했는데 이는 역사의 무지를 넘어 역사의 조작에 해당한다.

『해내경』에서 분명히 "동해의 안쪽, 북해의 모퉁이에 조선이 있다."고 했으니 이를 그대로 해석하면 발해의 모퉁이 즉 발해만에 고조선이 있었다는 이야기가 된다.

고조선이 대동강 유역에 있었다는 반도사관에 사로잡혀 있는 송호정은 끝내 『산해경』 원문 "동해의 안쪽, 북해의 모퉁이(東海之內 北海之隅)"를 "동해의 안쪽, 북부의 모퉁이(東海之內 北部之隅)"라고 조작하기에 이른다.

즉 북해의 바다 해海 자를 없애고 거기에 부部 자를 집어넣어 북해

송호정이 저술한 『한국고대사 속의 고조선사』

를 북부라고 바꾼다. 그리고 조선이 "동해의 범위 안, 동해 북부의 한쪽 가에 있다는 뜻"이라고 해석한 것이다.

나라가 바로 서려면
반도사학부터 청산해야

다른 나라 사람들은 자기 나라를 위대하게 만들고자 역사를 조작한다. 한국의 반도사학은 위대한 발해조선을 초라한 대동강 조선으로 만들려고 글자까지 조작해가며 날뛴다.

『산해경』에 말한 발해조선이 그동안 백일하에 드러나지 못하고 베일에 가려져 있었던 것은 이를 은폐하고 조작한 반도사학이 원흉이다. 나라가 바로 서려면 역사가 바로 서야 하고 역사가 바로 서려면 중, 일 학자보다 한 술 더 뜨는 한국의 반도사학부터 청산해야 한다.

05

—

밝달민족 산동, 요동,
한반도 누비며 천하경영

중국 대륙의 북쪽에 있는
바다 발해渤海

발해는 역사상에서 군郡의 명칭이나 국가의 이름으로 사용되기
도 하였다. 여기서 말하는 발해는 요녕성, 하북성과 산동성 북부에
걸쳐 있는 바다를 가리킨다.

발해는 우리나라에서 보면 서쪽이지만 중원 즉 하남성, 섬서성
쪽에서 바라보면 북쪽에 있다. 그래서 고대에는 오늘의 발해를 북
쪽에 있는 바다란 뜻으로 북해北海라 불렀다.

춘추시대의 『관자』, 『열자』, 『묵자』, 전국시대의 『맹자』, 『장자』
등에 북해에 대한 이야기가 자주 등장하는 데 제자백가에 나오는
북해가 오늘의 발해라는 것을 어떻게 증명할 수 있는가.

예컨대 『맹자』에 "백이가 주왕을 피하여 북해의 바닷가에 살았
다.(伯夷避紂 居北海之濱)"라고 말하였다. 백이는 수양산에서 고사리
를 캐 먹으며 살다가 죽은 것으로 유명한 인물인데 지금 발해 연안
의 하북성 진황도시 노룡현 부근에 그 유적들이 보존되어 있다.

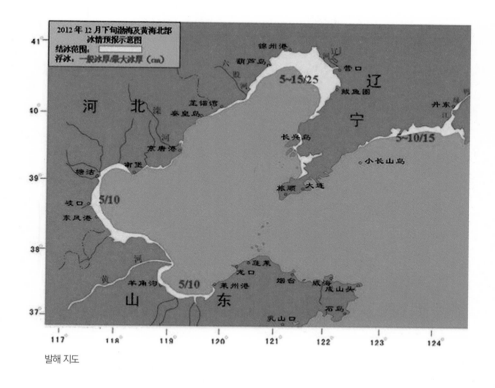

발해 지도

　맹자가 발해 연안에 살았던 백이를 가리켜서 북해의 연안에 살았다고 말한 것을 본다면 오늘의 발해가 맹자시대에는 북해로 불렸음이 확실하다.

　최근 발해 연안 조양시 부근에서 명문이 새겨진 고죽국의 술독 고죽뢰孤竹罍가 발견되었다. 이는 백이의 나라 고죽국이 발해 연안에 존재했음을 입증하는 고고학적 근거가 된다.

　『전국책』 제책齊策에는 "북쪽에 발해가 있다.(北有渤海)" 『사기』 소진열전에는 "북쪽에 발해가 있다.(北有勃海)" 『사기』 진시황본기에는 "발해에 임하였다.(臨渤海)" 『사기』 고조본기에서는 "북쪽에는

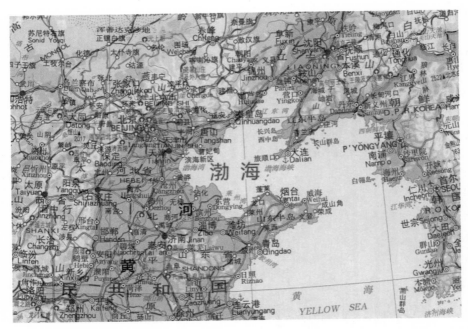

현재의 중국 지도

발해의 이로움이 있다.(北有勃海之利)"라고 하였다.

　이는 오늘의 발해渤海가 중국 역사상에서 북해 또는 발해渤海, 발해勃海로 표기되었음을 말해준다.

발해渤海는 원래
발조선의 바다 발해發海였다

　발해유역에서 최초로 건국한 나라는 밝족의 환국이고 환국을 이어서 건국한 나라가 발해조선이다. 발해환국은 내몽골 적봉시에서 발굴된 홍산문화가 이를 증명하고 발해조선은 "발해의 모퉁이에 나라가 있으니 그 이름을 조선이라 한다"라고 말한 『산해경』에 의해서 입증된다.

이 발해의 모퉁이에 있던 나라 조선을 『관자』에는 발조선發朝鮮이라 표기하고 있다. 『관자』는 왜 조선이란 나라 이름 위에 발자를 덧붙여서 발조선이라 하였을까. 조선이 밝족이 세운 밝달나라였기 때문이다.

오늘날은 발해가 발해渤海로 표기되고 있다. 발해渤海의 발渤은 크다는 뜻으로 대해大海라는 말과 같다. 그러나 고조선시대에는 여기에 밝족이 세운 발조선發朝鮮이 있었고 그래서 이 바다를 가리켜 밝족의 바다(發海)라 불렀으며 이를 음차하여 한자로 표기하는 과정에서 뒤에 발해渤海로 바뀌게 되었다고 본다.

따라서 오늘 발해의 '발'은 원래 발조선發朝鮮의 '발'에서 유래했고 발조선의 발이 오늘 발해의 어원이라고 믿는다.

발해는 동양문명의 발상지이자 천연자원 보고

우리는 불과 몇십 년 전만 하더라도 황하문명이 중국문명을 대표한다고 여겼다.

그러나 최근 들어 고고학의 발달과 함께 발해유역에서 중원보다 앞선 찬란한 홍산문화가 발굴되면서 중국문명을 대표하는 것은

발해만의 석유개발구역

황하문명이 아니라 발해문명이라는 사실을 깨닫게 되었다.

발해의 연간 어류생산량은 49만 톤에 달한다. 발해유전은 중국 최대의 원유생산기지이다. 2022년 한 해의 원유생산량은 약 3,175만 톤을 달성했다.

발해는 또한 중국 최대의 소금 생산기지이기도 하다. 중국의 4대 해염海鹽 생산기지 가운데 발해지역에 무려 3개가 몰려 있다. 따라서 발해는 동양문명의 발상지이자 천연자원의 보고라고 말할 수 있다.

밝족이
발해의 첫 주인

오늘날은 한족이 북경을 수도로 정하여 발해의 주인이 되어 있다. 그러나 서주西周, 한, 당 등에서 보는 바와 같이 역사상에서 한족의 주요활동 무대는 황하중류의 함양, 장안, 낙양이다. 북경 일대는 요, 금, 원, 청 등 동이족의 주요 생활근거지였다.

그리고 3,000~4,000년 전으로 거슬러 올라가면 발해유역의 최초의 주인은 밝족이고 이들 밝달민족이 발해유역에서 세운 국가가 밝조선이었다. 밝족의 나라 밝조선 땅에 있는 바다였으므로 밝바다 밝해發海라 호칭했을 것은 당연한 일이다.

이는 지금 요녕성을 가로질러 발해로 유입되는 요하를 고구려 때는 고구려 땅에 있는 강이므로 구려하, 요나라시대에는 요나라의 강이므로 요하라 불렀던 것과 같은 원리이다.

수양제, 당태종이 고구려를 공격할 때 "요수와 갈석산에 가서 죄를 묻겠다(問罪遼碣)"고 말한 것을 본다면 요수와 갈석산이 고구려의 상징임을 알 수 있다.

고조선의 상징은 발해와 갈석산이다. 갈석산은 고조선의 서쪽에 있던 산이고 발해는 고조선의 동남쪽에 있던 바다이다. 고구려의 상징이 "요갈"이라면 고조선은 "발갈"로 상징되었다.

사마천 『사기』의 천문지와 화식열전에 "발갈勃碣"이라 말하여 발해가 갈석산과 함께 등장한다. 이는 발해가 밝조선의 바다였다는 것을 알려주는 간접 증거가 된다.

오늘날은 발해渤海로 표기되어 한자 의미는 바뀌었지만, 여기에 발조선에서 온 고유의 음 발癹은 살아 있다. 이것이 발조선이 발해의 어원이자, 밝족이 발해의 첫 주인이라는 유력한 근거이다.

발해조선의 역사를 되찾아야
밝족의 새로운 웅비시대 열린다

지난 수천 년 전 고조선시대에 발해유역은 밝족의 터전이었다. 그러나 지금 발해는 중국 한족의 강역에 포함되어 우리 한민족의 뇌리에선 사라진 지 오래다.

한국인 대부분의 뇌리에서 발해는 당연히 중국 한족의 영역으로 인식되고 있으며 발해가 우리 조상의 숨결이 어린 영토라는 생각은 꿈에서도 하지 않는다.

돌이켜보면 불과 200여 년 전 미국은 영국의 식민지였고 100년 전 중국대륙은 여진족 청나라 땅이었다. 겨우 100년~200년 세월이 흘렀는데도 우리의 기억 속에 그것은 희미하다.

밝달민족이 발해유역 오늘의 북경 동남쪽에 조선을 건국한 것은 4,000전의 일이다. 불과 100~200년 전의 일도 까마득한데 천 년의 세월이 네 번이나 지난 오늘, 발해유역에서 수천 리 떨어진 한반도라는 좁은 땅에서 뿌리내려 살아가는 우리가 그 옛날 밝달민족의 원류인 발해를 망각하고 있는 것은 어쩌면 당연한 일인지도 모른다.

그러나 우리 조상은 발해유역의 산동반도, 요동반도, 한반도를 누비며 천하를 경영했다.

발해조선, 발해고구려, 발해백제의 찬란한 역사가 발해유역을 중심으로 펼쳐졌다. 우리가 오늘날 비록 한반도를 무대로 살아가더라도 동양문명의 발상지이자 자원의 보고인 발해만을 터전으로 삼아 대륙을 지배했던 위대한 역사는 알아야 하지 않겠는가.

사대식민 사관의 영향으로 송두리째 잃어버린, 발해유역에서 펼쳐진 장대한 우리 민족의 웅혼한 역사를 되찾아야 밝족의 새로운 웅비시대가 열린다.

06

천년 전 북경 위의 조선하朝鮮河,
북경이 발해조선의 일부였다는 증거

중국의 수도
북경

북경은 중화인민공화국의 수도이다. 북경의 면적은 1만 6천410km²이고 상주인구는 약 2,200만 명에 달한다. 한국의 수도 서울은 면적이 약 606km²에 인구는 약 1,000만 명이 거주한다. 북경은 서울보다 면적은 27배나 크고 인구는 배가 많다. 명실 공히 동아시아의 대표적인 도시라고 말할 수 있다.

북경은 4,000여 년의 역사를 간직한 고도이다. 시대에 따라서 명칭도 다양하게 불렸다. 북경의 유래를 살펴보면 최초의 명칭은 유도幽都이다. 『서경』「요전堯典」에 "삭방에 거주하도록 하니 유도라 한다.(宅朔方 日幽都)"라고 하였다. 삭방은 북방을 가리키는데 요임금 시대에 북방을 유도라고 했던 것이다. 순임금은 천하를 12주로 나누고 지금의 북경 쪽엔 유주幽州를 설치했다.

『이아爾雅』의 「석지釋地」에는 "연나라를 유주라 한다(燕曰幽州)"라고 하였다. 서기전1045년 서주의 무왕이 은나라를 멸망시킨 다

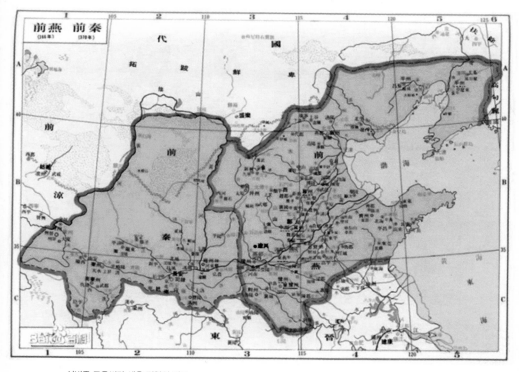

선비족 모용씨가 세운 전연의 지도

음 소공을 연나라에 봉했는데 그 지역이 지금의 북경 부근이었으
므로 "연나라를 유주라 한다."라고 한 것이다.

　전국시대엔 7웅 중의 하나인 연나라가 북경의 연산燕山 부근에
있었다. 한나라시대에는 유주 또는 연국燕國이라 하였다. 진晉나라
때는 선비족모용씨가 나라를 세우고 이름을 연燕이라 하였는데 지
금의 북경이 그 범주에 포함되었다. 수나라시대에는 탁군이 되었
고 당나라시대에는 하북도에 속했다. 거란족이 세운 요나라 때는
석진부析津府라 불리기도 하였다.

938년 요나라 태종 때 이 지역을 처음에는 남경이라고 했다가 나중에 연경燕京으로 개정하여 요나라의 부수도로 삼았다. 그 당시 요나라 수도는 상경에 있었다.

하버드대학에는 1928년 건립된 세계적인 연경도서관燕京圖書館이 있다. 연경이란 명칭은 지금도 사용되고 있는데 북경에 대해 연경이란 명칭을 최초로 사용한 것은 요나라 때이다.

1153년 금나라의 4대 황제인 완안량完顔亮이 지금의 북경시 서남쪽 광안문 밖에 도읍을 세우고 상경에서 천도했는데 이름을 중도中都라고 하였다.

원나라 때 금나라의 별궁인 지금 북경의 북해공원을 중심으로 새로 도성을 건축하여 1272년 원 세조 쿠빌라이 칸이 대도大都라고 호칭하였다. 지금의 북경이 정식으로 중국의 수도가 된 것은 원나라 때부터이다.

1368년 주원장이 명나라를 건국하여 수도를 남경에 정했고 원나라의 수도 대도는 북평北平이라고 명칭을 바꾸었다.

1403년 연왕燕王 주체朱棣가 반란을 일으켜 황위를 빼앗은 다음 북평이란 명칭을 북경으로 개정하고 1420년 수도를 남경에서 북경으로 천도하였다. 북경이란 명칭은 600년 전 명 태종 주체에 의해서 최초로 명명되어 청나라 때까지 계속 사용되었다.

한족의 요람은 장안 낙양이고 이들 한족의 입장에서 보면 북경은 북쪽 지역이 된다. 그래서 한족의 수도가 되면서 북경이란 명칭을 사용하기 시작한 것이다.

중화민국 시기에는 남경으로 수도를 정하고 북경은 북평으로 이름을 바꾸었다. 1937년에는 북평이 일본에 의해 점령당했고 명칭도 북평에서 다시 북경으로 개정하였다.

1945년 8월 일본군이 투항하자 한족이 다시 북경을 접수하여 북평으로 이름을 고쳤다. 1949년 1월 중국인민해방군이 북평시에 진입하여 1949년 9월 27일 중국인민정치협상회의 제1차 회의에서 중화인민공화국의 국도, 기년, 국가, 국기에 대한 결의가 통과되었고 이때 북평을 북경으로 바꾸었다. 1949년 10월 1일 북경에서 중화인민공화국의 건국을 선포하였다.

북해공원은 북경 시내의 중심지대로서 중공중앙위원회와 중국 국무원의 사무실이 있는 중남해와 이웃해 있다. 중남해는 중국 정치경제의 심장부로서 한국의 청와대와 같은 곳이다. 본래 몽골족 원나라 황제가 북경에 수도를 정하고 집무를 보던 황궁 터가 북해공원인데 지금 공산당 정부가 그곳에 들어서 있는 것이다.

『무경총요』에 "조선하가 북경 북쪽에 있다"는 기록이 나온다

『무경총요武經總要』는 북송北宋 때 군사제도와 군사이론을 기록한 중국 최초의 관찬 병서官撰兵書이다. 전집前集 20권 중에 실린 변방邊防 5권은 산천지리와 관련된 내용을 상세히 기술하여, 당시 송나라가 처한 지리적 역사적 상황을 살피는 데 매우 귀중한 자료이다.

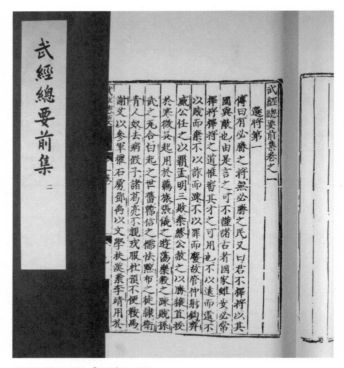

조선하 기록이 나오는 『무경총요』 전집

　　지금은 북경이 중국의 수도로서 정치 경제의 중심이 되어 있지만, 북송 때는 중국이 통일되지 못하고 분열되어 북방에는 거란족이 세운 요나라, 남방에는 한족이 세운 송나라가 대치하고 있었다.

　　당시 송나라의 수도는 현재의 하남성 개봉시開封市에 있었고 북경은 요遼나라의 영토에 소속되어 처음에는 남경이라고 했다가 다시 연경燕京으로 고쳤다. 그러므로 이 책에서는 연경이 송나라의 변방 부문에 편입되어 있다.

　　그런데 우리가 『무경총요』에서 주목하는 부분은 연경 즉 지금의 북경에서 요나라의 수도 중경中京에 가는 노정을 설명하는 내용 가운데 조선하朝鮮河라는 명칭이 다음과 같이 등장한다는 사실이다.

"동북쪽으로 중경에 당도한다. 북문을 나가서 옛 장성을 지나 망경望京까지가 40리이고 또 온여하溫餘河 대하파大廈陂를 지나서 50리를 가면 순주順州에 도달한다. 동북쪽으로 백여하白璵河를 지나 70리를 가면 단주檀州에 도달하는데 여기서부터는 점차 산길로 접어든다. 50리를 가면 금구정金溝淀에 도착하는데 산길로 접어들어 길이 구불구불하고 마을 어귀에 세워두는 흙으로 된 표지판은 나타나지 않는다. 조선하朝鮮河를 지나서 90리를 가면 북쪽으로 고하구古河口에 도착한다.… (東北至中京 出北門 過古長城 至望京 四十里 又過溫餘河 大廈陂 五十里 至順州 東北過白璵河 七十里 至檀州 自此漸入山 五十里 至金溝淀 入山屈曲 無復里堠 過朝鮮河 九十里 北至古河口…)"

북경에서 당시 요나라의 서울 중경까지 가면서 경유하게 되는 지명 가운데 조선하가 등장하는데, 조선하를 지나서 고하구古河口에 도착하게 된다고 하였다. 고하구는『요사遼史』지리지 중경도中京道 조항과『왕기공행정록王沂公行程錄』에는 "구십리 지고북구九十里 至古北口"로 나와 있다.

지금도 중국 지도상에 북경시 북쪽 조하潮河 부근에 고북구古北口라는 지명이 남아 있다. 이 자료에 보이는 고하구古河口의 고하古

최초로 북경이란 명칭을 사용한 명태종

河는 유서 깊은 고대 조선하 朝鮮河를 가리키는 것으로서 고북구의 오기가 아니라 고 북구의 원래 이름 또는 다른 이름이라고 하겠다.

북송 당시 요遼나라의 수 도는 오늘날의 내몽고자치구 영성현寧城縣에 있었는데 명 칭은 중경中京이라고 하였다. 따라서 연경에서 중경에 가 려면 북문을 나가서 옛 장성

을 지나고 망경望京(지금의 북경시 조양구朝陽區 망경), 온여하溫餘河 · 순주順州(지금의 북경시 순의구順義區), 단주檀州(지금의 북경시 밀운현密雲 縣), 고북구를 거쳐서 북쪽으로 가게 되어 있었다. 그런데 고북구에 당도하기 전에 먼저 조선하를 건너서 간다고 『무경총요』는 말하고 있는 것이다.

천 년 전에 조선하가
왜 북경 북쪽에 있었는가

『무경총요』는 지금으로부터 천여 년 전인 1044년에 편찬된 책 이다. 이 책의 편간 연대는 태조 이성계가 조선을 건국한 것보다

350년을 앞선다. 따라서 시기적으로 볼 때 여기서 말하는 '조선하'
는 600여 년 전 압록강 이남에 건국되었던 한양조선과는 전혀 무
관한 것이다.

우리는 여기서 두 가지 의문에 봉착하게 된다. 첫째는 '조선하'
의 조선은 어떤 조선을 가리키는 것인가 하는 것이고, 둘째는 '조선
하'가 북송시기에 어째서 오늘의 북경시 북쪽 지역에 있었는가 하
는 것이다.

여기서 말하는 조선은 후기의 한양 조선에서 유래한 것이 아니
라 고대의 고조선에서 유래한 것임은 두말할 나위 없다. 그리고 조
선하가 압록강 이남의 평양이나 서울 일대가 아닌 북경 부근에 있
었다는 것은 고대의 조선은 한반도가 주 무대가 아니라 대륙 깊숙
이 발해유역에 자리하고 있었으며 오늘의 북경이 발해조선의 일부
였던 사실을 단적으로 말해준다.

중국 공산당이 북경에서 개국을 선포하는 장면을 그린 유화

그런 점에서 필자가 『사고전서』에서 찾아내 최초로 세상에 선보인 이 자료는 우리의 고조선사를 반도를 넘어 새롭게 재정립하는 데 초석이 될, 우리 역사에 한 획을 긋는 매우 귀중한 자료라고 본다.

07

북경 코앞 '조선하' 심기 불편,
한 글자 슬쩍 빼 조하潮河로 변경

『무경총요』에서 말한 조선하는
오늘날 북경의 어떤 강일까

북경의 지세는 서북쪽은 높고 동남쪽은 낮다. 서부, 북부, 동북
부는 삼면이 산으로 둘러싸여 있고 동남쪽은 발해를 향해 있다.

현재 북경시 경내를 흐르는 주요 하류는 영정하永定河, 조백하潮
白河, 북운하北運河, 거마하拒馬河 등이 있어 모두 발해로 유입되는
데 조선하라는 강은 보이지 않는다.

『무경총요』에서 "조선하를 지나 90리를 가면 당도하게 되는 곳이
고북구古北口이다"라고 하였으니 조선하는 북경 시내에서 동북쪽으
로 고북구를 가기 전, 고북구 서쪽에서 고북구와 가까운 거리에 있는
강 중에서 찾아야 할 것이다.

그런데 오늘날 중국의 지도 상에 조선하라는 강 이름은 보이지
않지만, 다행히 고북구라는 지명은 북경시 밀운현密雲縣 동북쪽에
그대로 보존되어 있다. 고북구 서쪽에서 고북구와 가까운 거리에
있는 강은 조하潮河와 백하白河이다.

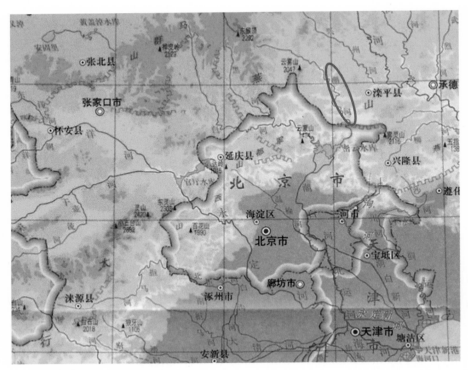

하북성 지도, 북경시 동북쪽에 조하가 있다

고북구 표지석

백하白河는 고북구보다 밀운현 쪽에 더 가까이 있어 북경에서 단주檀州 즉 오늘의 밀운현에 당도할 때 건너는 강이다. 이를 『무경총요』에서는 백여하白璵河라고 표기하였다.

고북구에서 동쪽은 난하灤河가 있고 서쪽에서 가장 가까

운 강은 조하이므로 북경에서 동북쪽으로 고북구를 가고자 하면 건너야 하는 강은 바로 조하인 것이다.

조하는 수도 북경의 중요한 상수원의 하나로서 하북성 승덕시 풍녕만족자치현 북쪽에서 발원하여 남쪽으로 흘러 고북구를 거쳐서 밀운현으로 들어가 백하와 합류하여 조백하潮白河가 된다.

조하는 넓은 곳은 수천 미터에 달하지만 좁은 곳은 몇십 미터에 불과하다. 필자가 고북구 현지를 답사했을 때 고북구 앞을 흐르는 조하는 폭도 넓지 않고 수심도 깊지 않아서 건너기에 안성맞춤이었다.

『무경총요』에서 "백여하白璵河를 지나서 단주檀州 즉 오늘의 밀운현에 이르고 조선하를 지나서 북쪽으로 고북구(고하구古河口)에

고북구의 촌락

도달한다."라고 말한 내용으로 미루어볼 때 백여하가 오늘의 백하이고 조선하가 오늘의 조하를 가리킨다는 것은 거의 의심의 여지가 없다고 여겨진다.

지금 북경 북쪽의 조하潮河가 조선하였다

조하는 본래 조선하였고 백하는 밝하 즉 밝달하라고 보여지는데 지금 북경시 북쪽의 조하가 조선하였다면 조선하는 언제 어떤 연유에서 조하로 명칭이 바뀌게 된 것일까.

북송시대의 저술인 『무경총요』에서 "조선하를 건너 고북구에 당도한다"라고 기록한 것으로 볼 때 송나라와 요遼나라시대에는 지금의 조하가 조선하로 불렸던 것이 확실하다.

또 원元나라 웅몽상熊夢祥의 『석진지집일析津志輯佚』에도 조선하가 보이는 것으로 미루어보면 조선하라는 명칭은 원나라 말엽까지도 그대로 존속되었던 것이 아닌가 여겨진다.

그런데 청나라 때 편간된 『흠정열하지欽定熱河志』에는 조선하라는 명칭은 자취를 감추고 그 자리에 조하라는 이름이 등장한다. 이는 명, 청시대에 이르러 조선하가 조하로 변경된 것임을 알 수 있다.

왜 조선하가 조하로
명칭이 바뀌게 된 것일까

송나라 원나라시대까지 조선하로 불리던 강 이름을 명, 청시기에 왜 굳이 조하로 바꾸어야 했던 것일까. 송나라와 요나라시대까지만 해도 고조선의 후예 고려는 그들의 행보에 따라 중원의 판도가 좌우될 만큼 강대한 나라였다.

그러나 발해유역의 주인이었던 조선은 명, 청시대에 이르러서는 압록강 이남의 손바닥만한 땅을 차지한 작은 나라에 불과했다.

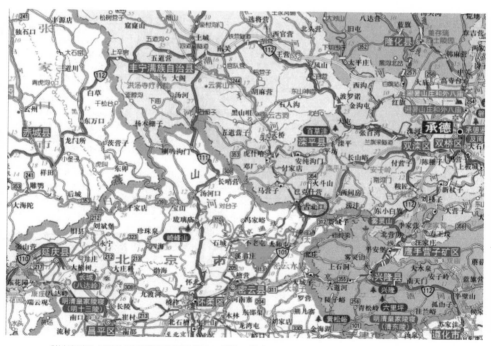

하북성 지도, 북경시 동북쪽에 고북구가 있고 그 옆을 조하가 흐르고 있다

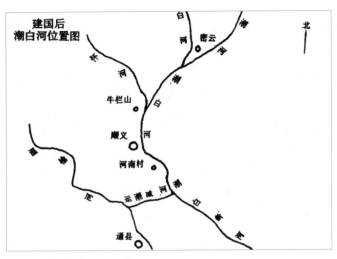

조하, 백하, 조백하의 위치를 표시한 도표

또 중국의 황제에게 조공을 바치고 책봉을 받는 속국이나 다름이 없는 처지에 놓여 있었다.

이런 보잘 것 없는 나라 조선이란 이름을 가진 강이 황제가 거주하는 북경 근처에 있다는 것은, 중국의 자존심에 허락하지 않는 일이고 역사적 영토분쟁을 야기 시킬 소지도 있는 불편한 사안에 해당했을 것이다.

또 한, 당 이전 중원의 중앙정부가 주로 장안, 낙양 등 중국의 서쪽에 있을 때는 오늘의 고북구 조하 부근이 북방 변경에 해당했지만 수도를 북경으로 옮긴 뒤부터는 고북구 조선하 일대는 바로 중앙정부 코앞에 있게 되었다.

이런 여러 가지 이유로 조선하라는 이름을 그대로 놓아둘 수 없는 상황이었기 때문에 부득불 다른 이름으로 변경해야 할 필요성을 느꼈을 것이다.

그러나 수백 년 수천 년 써 내려오던 지명을 하루아침에 바꾼다는 것은 결코 쉬운 일이 아니다. 역사적으로 중국에서 동이와 관련된 지명을 변경시킨 사례들을 살펴보면 하루아침에 확 뜯어고치지 않고 본래 있는 글자에서 한 글자를 빼거나 보태거나, 아니면 본래의 글자에 다른 변을 첨가하거나 생략시키거나 본래의 글자와 음이 유사한 글자로 변경시키는 방법을 많이 채택했다.

『사기색은史記索隱』에 의하면 조선열전朝鮮列傳에 나오는 조선의 조朝 자의 음을 해석하면서 "조朝의 음은 조潮이다. 직교반直驕反이다"라고 하였다. 조朝는 반절음이 직直(ㅈ) 교驕(ㅛ)로서 조潮와 동일한 음인 것이다.

조선하朝鮮河가 조하潮河가 된 것은 선鮮 자는 생략하고 조朝 자는 음이 유사한 조潮 자로 바꾸어 본래의 지명을 변경시킨 경우에 해당한다고 하겠다.

『무경총요』는 어떤 책인가

조선하의 기록을 통해서 오늘의 북경이 발해조선의 일부였다는 사실을 후세에 전해준 『무경총요』는 어떤 책인가. 북송 인종 때 문신 증공량曾公亮(999~1078)과 정도丁度(990~1053)가 황제의 명을 받들어 4년 동안의 노력을 기울인 끝에 편찬한 책이다.

북송시대 전기에는 변경 방위에 대한 수요가 컸다. 따라서 문무 관원들에게 역대 군사정책과 군사이론에 대한 연구가 제창되었다. 중국 최초의 관찬 병서兵書인 『무경총요』가 북송시기에 편찬된 것은 이런 시대적 배경과 관련이 있다. 전집, 후집이 각각 20권으로 총 40권이다.

이 책의 저자 증공량은 북송 왕조에서 동중서문하평장사와 집현전대학사를 역임한 중신이다. 일찍이 본서 외에도 『신당서』와 『영종실록』의 편찬에도 참여한 바 있는 당시의 대표적인 역사학자이다.

다른 한 사람의 저자인 정도는 벼슬이 참지정사參知政事와 단명전학사端明殿學士에 이른 당시의 대표적인 군사가로서 이 책 이외에 『비변요람備邊要覽』『경력병록慶曆兵錄』『섬변록贍邊錄』 등의 저서를 남겼다.

『무경총요』는 바로 북송 왕조의 대표적인 역사학자와 군사가가 황제의 명을 받들어 펴낸 역작으로서 어느 정사正史에 뒤지지 않는 권위 있는 사료이다.

따라서 여기에 나오는 조선하의 기사가 허위나 조작일 수 없다. 저들이 사실이 아닌 조선하의 기사를 조작하여 『무경총요』에 기재할 아무런 이유가 없다.

혹시 저자인 증공량이나 정도가 요나라의 거란족이었다면 송나라 역사를 왜곡시키고자 또는 송나라 영토를 축소하기 위해서 조선하 기사를 허위로 조작해 끼워 넣었다고 상상해볼 수 있다.

하지만, 증공량과 정도는 모두 북송 사람인 데다 한족으로서,

정도는 송나라 수도 개봉시에서 태어났고 증공량은 그의 묘소가 지금도 하남성 신정시新鄭市에 보존되어 있다.

천여 년 전까지 북경시 부근에 있었던 조선하는 우리가 잃어버린 아니 우리가 내버린 발해조선이 남긴 흔적이다. 『무경총요』는 지금 중국의 수도 북경이 먼 옛날 발해조선의 일부였다는 사실을 '조선하'라는 세 글자를 통해서 알려주고 있다. 우리 민족이 발해조선을 되찾게 된다면 중국의 동북공정은 모래 위에 쌓은 성처럼 저절로 무너지게 될 것이다.

08

북경의 조선하,
『왕기공행정록』『석진지』에도 나온다

북경의 조선하는
『왕기공행정록王沂公行程錄』에도 나온다

『왕기공행정록』의 저자 왕증 동상

북송 왕조의 문신 왕증王曾(978~1038)은 거란족 요遼나라 국왕의 생신을 축하하는 사절단장으로 임명되어 1012년 요나라의 서울 중경中京을 방문했다. 귀국 후에 왕증은 북송의 진종황제에게 오늘날로 말하면 귀국 보고서 형식인 한 편의 주소奏疏를 올렸는데 이를 '상거란사上契丹事', 또는 '왕증상거란사王曾上契丹事'라 한다. 거란의 일에 대해 상소를 올렸다는 뜻이다.

상소의 내용은 왕증이 송나라의 특사로 요나라에 사신으로 갈 때 송나라 변경 웅주雄州(지금의 하북성 웅현)에서 요나라 수도 중경 즉 오늘의 내몽고 영성현寧城縣에 당도하기까지의 중간 경유지에서 보고 듣고 느낀 것들을 일정표 형식으로 적은 것인데 그가 기국공沂國公에 봉해졌기 때문에 후인들이 이를 『왕기공행정록王沂公行程錄』이라 부르기도 한다.

생신 축하사절로 송나라 수도 개봉을 떠나 요나라를 다녀오면서 연도의 이정里程, 역관, 민속과 연경, 중경의 제도 및 거란의 지리 등을 상세히 기술한 『왕기공행정록』은 그 성격 면에서 한양조선의 박지원이 건륭황제의 생신을 축하하는 사절로 청나라에 다녀온 뒤 그것을 일기로 남긴 『열하일기』와 유사한 점이 있다.

우리가 천여 년 전에 북경시 부근에 조선하朝鮮河가 존재하고 있었던 것을 사실로 믿을 수 밖에 없는 이유는 바로 그 조선하가 『무경총요』에만 나오는 것이 아니라 그보다 앞서 쓰여진 『왕기공행정록』에도 다음과 같이 보이기 때문이다.

"조리하(칠도하라고도 한다)를 지나서 90리를 가면 고북구에 도착한다.(過朝鯉河 赤名七度河 九十里 至古北口)"

『왕기공행정록』의 내용은 『무경총요』의 기록과 기본적으로 일치한다. 다만 조선하朝鮮河를 조리하朝鯉河라 하고, 그것을 일명 칠도하七度河라고도 부른다는 설명을 추가하고 있는 점이 약간 다르다.

요나라 중경성 유적, 요나라 황제가 이곳에 머물며 송나라 사신을 접견했는데
지금은 궁전은 간데없고 빈터만 남아 있다

　『무경총요』에서 "조선하를 지나서 90리를 가면 고북구에 당도
한다"라고 말한 것으로 미루어볼 때 조선하朝鮮河와 조리하朝鯉河는
동일한 지명이 분명하고 조리朝鯉라는 명칭은 다른 기록에는 없는
즉 역사상에 존재하지 않는 용어라는 점에서 조리朝鯉는 조선朝鮮
의 오기인 것이 분명하다.

　여기서 조리하朝鯉河는 조선하朝鮮河가 북경 북쪽에 있었다는 사
실이 알려지는 것을 꺼린 한족들이 이를 숨기기 위해 선鮮자를 글
자 모양이 비슷한 이鯉자로 바꾸어 표기한 것이라고 여긴다. 만일
『무경총요』를 아울러 참고하지 않고 『왕기공행정록』만을 읽는다면
감쪽같이 속아 넘어 갈 수 있다.

『무경총요』는 황제의 명으로 편찬한 책이어서 후세에 함부로 글자를 바꿀수 없었지만『왕기공행정록』의 경우는 개인적인 저작이라서 후인들에 의한 자의적인 수개가 가능했다고 본다.

『산해경』에서 "발해의 모퉁이에 조선이 있다"라고 말했으니 조선하가 발해의 북쪽 북경지역에 있었던 것은 그 근거를 찾을 수 있다. 그러나 '조리朝鯉'라는 지명은 동양 역사상에 존재하지 않기 때문에 한족 민족주의자에 의한 조선하의 의도적인 오기가 분명하다고 할 것이다.

조선하를 조리하로 바꾼 것은 중국의 한족들이 한국사를 왜곡할 때 어떤 방법을 동원하는지 그 한 단면을 잘 보여준다. 원래의 글자에서 획을 빼거나 보태는 방식으로 변경하여 역사의 진상을 은폐하는 것이 저들이 사용하는 가장 상투적인 수법이다.

『왕기공행정록』의 저자 왕증은 어떤 인물인가

왕증은 송나라 천주泉州 사람으로 진종眞宗 함평咸平 5년(1002) 향시鄕試 회시會試 정시廷試에서 모두 장원壯元을 하였다. 과거제도를 시행한 지 1,300년 간 연이어 삼장원三壯元을 모두 차지한 경우는 17명뿐이라고 하는데 왕증이 바로 그 중의 한 사람이었다.

우리나라에서는 조선왕조 500년 동안 율곡 이이李珥가 과거시험에서 삼장원을 모두 차지하여 구도장원공九度壯元公으로 불렸다.

그래서 율곡 이이를 매월당梅月堂 김시습金時習과 함께 한양왕조 500년의 최고 천재로 손꼽는데 왕증 또한 그에 못지않은 천재성을 지닌 인물이었다고 하겠다.

왕증은 송나라에서 직사관直史館 사관수찬史館修撰 같은 벼슬을 역임하면서 역사편찬에 직접 관여하기도 했다. 벼슬은 나중에 군사기구의 최고 장관격인 추밀사樞密使에 올랐고 재상을 두 차례나 역임하기도 했다. 그리고 기국공沂國公에 봉해졌다.

왕증과 같은 비중 있는 인물이 "조선하의 별칭이 칠도하七度河이며 이를 건너서 고북구에 당도했다"라고 말했다면 우리는 조선하가 송나라 때까지 북경 북쪽에 실재했다는 것을 사실로서 인정하지 않을 수 없는 것이다.

▌ 원元나라 때의 저술『석진지집일析津志輯佚』에도 조선하가 보인다.

『무경총요』나『왕기공행정록』보다 시기는 좀 뒤지지만 조선하에 대한 기록은『석진지析津志』에도 보인다. 요나라와 금나라 때는 지금의 북경을 연경燕京 석진부析津府라고 호칭했다.

『이아爾雅』석천釋天에 의하면 "석목析木을 진津이라 한다.(析木謂之津)"라고 하였다. 석목은 하늘의 별자리 이름인데 지상의 연燕나라 분야가 하늘의 12별자리 중 석목에 해당한 데서 이런 별칭을 사용했다.

원나라 때 웅몽상이 지은 북경에 대한 지리서,
『석진지집일』

『석진지』는 원나라 말엽의 학자 웅몽상熊夢祥(1285~1376)이 원나라 대도大都와 금나라 중도中都 즉 오늘 북경의 연혁, 명승고적, 인물, 산천 풍물, 세시풍속 등에 대해 기술한 책으로 모두 34책이었다고 전한다.

다만 애석하게도 북경의 역사를 기록한 『석진지』는 현재 원본은 이미 유실되어 전하지 않는다. 북경도서관에서 1983년 『영락대전』 등의 여러 고서적 가운데서 『석진지』 관련 기록들을 수집 정리하여 『석진지집일』이라는 이름으로 펴냈으며 따라서 내용상에 다소 미흡한 부분이 없지 않다.

그러나 이 책은 현재까지 발견된 저작 중에서는 최초의 북경 관련 전문 지방사지地方史志로 평가받고 있다. 명明나라 초기에 편찬된 『북평도경지서北平圖經志書』나 『순천부지順天府志』 등은 모두 『석진지』에서 많은 자료를 인용하고 있다.

북경의 역사지리를 전문으로 다룬 최초의 북경 지방사지인 『석진지집일』에 조선하가 등장한다는 것은 적어도 원나라 때까지는 조선하라는 이름이 전해져온 사실을 말해주는 것이라고 하겠다.

위만衛滿이 건너서 왔다는 패수浿水는
이 조선하였을 것이다

『산해경』에 "발해의 모퉁이에 고조선이 있다"고 말했을 뿐만 아니라 『무경총요』에서도 "순임금이 유주를 설치했는데 동쪽에 조선요동이 있다.(舜置幽州 東有朝鮮遼東)"라고 말했다.

유주幽州는 북경을 가리키고 유주의 동쪽은 북경의 동쪽을 말함으로 이 기록에도 이미 오늘날 북경의 동쪽에 조선이 있었다는 사실이 밝혀져 있는 셈이다.

고조선이 북경 동쪽에 있었다면 조선하는 아마도 조선국의 도성 서쪽을 흐르는 강이었을 것으로 여겨진다. 오늘날은 이를 조하, 백하로 나누어 부르지만 당시에는 조선하 또는 밝달하라고 호칭했을 것이다.

『사기史記』 조선열전에 나오는 한나라의 사신 섭하涉何가 건너서 온 강도 이 강일 것이고 위만衛滿이 건너서 왔다는 강 또한 이 강이었을 것이다.

그렇다면 저들이 조선으로 올 때 건너왔다는 패수浿水는 반도사학의 주장처럼 북한에 있는 청천강이 아니라 바로 중국 북경의 조하潮河 또는 백하白河라고 여겨진다.

발음상으로 볼 때 패浿는 백白과 가깝다. 중국 발음으로 패浿는 페이(pèi), 백白은 바이(bái)로 발음한다. 중국인들이 우리말을 기록하는 것을 보면 전북 화순을 화삼華森, 경기도 화성을 화송華松, 전북 고창을 고창高昌이라고 표기한다. 발음이 비슷한 한자를 가져다 쓴다.

　패수도 마찬가지다. 우리말의 정확한 의미를 모르기 때문에 한자로 음차하여 표기하는 과정에서 바이(白)와 발음이 비슷한 패자를 사용하여 패수라고 기록한 것이다. 그러므로 섭하와 위만이 조선으로 올 때 건너온 패수는 당시의 밝달하, 조선하 현재의 백하, 조하일 가능성이 높은 것이다.

09

황폐한 조선성朝鮮城,
왜 천년전 하북성 노룡현에 남아 있었나

전 중국에서 가장 매력적인 곳
북대하北戴河

북대하의 아름다운 풍경

북대하는 중국의 4대 피서 승지 중 하나로서 하북성 동북쪽, 진황도시 동남쪽에 있다.

발해 해변에 있는 북대하는 미국의 하와이 같은 느낌이 드는 곳이다. 그 아름다운 경관이 가위 중국 최고라 해도 과언이 아니다. 혹자는 해남도가 아름답다고 말하지만, 필자는 중국의 많은 곳을 답사했는데 전 중국에서 가장 매력적인 곳 한 군데를 꼽으라면 북대하를 들고 싶다.

북대하의 연평균 기온은 12℃이다. 겨울에 영하10도 이하로 내려가는 일이 드물고 무더운 여름철도 섭씨 30도를 넘지 않는다. 여름철의 평균 기온은 24℃이다. 일 년 사계절 모두 휴식하기에 적합한 해변휴양지이다.

북대하의 15킬로미터에 이르는 해안선은 모래는 부드럽고 물결은 잔잔하다. 해수욕과 사욕沙浴과 일광욕을 동시에 즐길 수 있는 이상적인 천연의 낙원이다. 그러므로 중국 공산당 간부들은 여름철이면 아예 집무실을 이곳으로 옮겨와 업무도 처리하고 휴식도 즐긴다.

모택동 주석은 여름철이면 북대하를 찾아 수영을 즐겼는데 1954년에는 북대하에 머물면서 『낭도사 북대하浪淘沙 北戴河』라는 명작을 남기기도 했다.

북대하는 북대하구 경내를 흐르는 강물 이름으로 고대에는 유수渝水라고 불렸다. 청나라 때 북대하로 바뀌었고 오늘날은 이 지역을 가리키는 지명이 되었다.

『태평환우기太平寰宇記』, 북대하 인근 노룡현에 조선성朝鮮城이 있다

현재 중국 하북성 진황도시는 산하에 북대하구를 비롯하여 노룡현盧龍縣, 창려현, 청룡만족자치현 등 4개 현급 행정구역을 관할하고 있다. 노룡현은 바로 전 중국에서 풍경이 가장 수려한 북대

북대하 표지석

하와 이웃한 지역인데 이곳에 조선성이 있다는 기록이 『태평환우기』 권70 하북도 평주平州 노룡현 조항에 다음과 같이 실려 있다.

"고죽성孤竹城 : 오늘의 현縣 동쪽에 있다. 은나라의 제후인 백이 숙제의 나라이다. … (孤竹城 在今縣東 殷之諸侯 即伯夷叔齊之國…)
조선성朝鮮城 : 바로 기자가 봉함을 받은 지역이다. 지금 황폐한 성이 남아 있다. (朝鮮城 即箕子受封之地 今有廢城)
요서성遼西城 : 한나라 때 여기에 군을 설치했다. 황폐한 성이 지금 군의 동쪽에 있다. (遼西城 漢為郡於此 廢城在今郡東)"

우리는 그동안 조선이라 하면 이성계가 세운 한양 조선이나 대동강 유역의 평양 조선을 연상하기 일쑤였다. 그런데 천 년 전 중국 송나라 때 문헌인 『태평환우기』에서 하북도 평주 노룡현 즉 발해유역 북대하 부근에 조선성 유적이 남아 있다는 사실을 말하고 있다.

이는 실로 우리의 역사상식을 송두리째 뒤집는 깜짝 놀랄 일이 아닐 수 없다. 반도사학은 물론 말할 것도 없지만 『조선왕조실록』, 『고려사』, 『삼국유사』, 『삼국사기』 어디에서도 하북도 평주 노룡현에 조선성이 있다고 언급한 기록을 찾아볼 수 없기 때문이다.

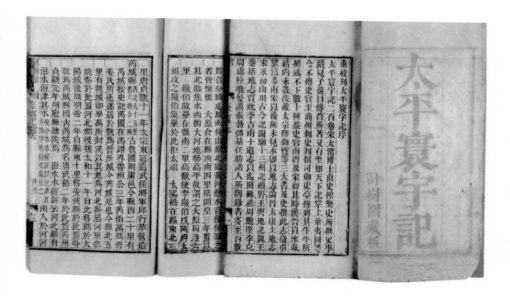

송나라 때 4대 사서 중의 하나인 『태평환우기』

『태평환우기』의 평주 노룡현과
현재의 하북성 노룡현은 동일한 지역인가

지금 하북성 진황도시 관할하에 북대하구와 함께 노룡현이 소속되어 있다. 문제는 『태평환우기』에서 말한 송나라 때의 하북도 평주平州 노룡현이 과연 오늘날의 하북성 진황도시 북대하 부근에 있는 노룡현과 같은 지역인가 하는 것이다.

『태평환우기』에는 조선성이 있던 노룡현이 하북도 평주에 소속되어 있는데 한국인들은 평주가 어딘지 다소 생소하게 느껴질 것이다. 현재 중국 지도상에 평주라는 지명은 나오지 않기 때문이다.

이해를 돕기 위해 『태평환우기』에서 평주의 연혁에 대해 설명한 내용을 요약하면 다음과 같다.

"평주는 순舜임금이 중국을 12주로 나누었을 때는 영주營州 지역이고, 하夏나라의 우왕禹王시대에는 기주冀州 지역이며, 주周나라 시대에는 유주幽州지역이고, 춘추시대에는 산융족山戎族의 고죽국孤竹國, 백적족白狄族의 비자국肥子國 지역이다.

전국시대에는 연燕나라 지역이고, 진시황제가 천하를 통일한 이후에는 우북평군右北平郡 요서군遼西郡 지역이었으며 한漢나라시대에는 요서군 지역이고 후한말에는 공손도公孫度가 차지하여 평주목平州牧이라 했다.

진晉나라와 북위시대에는 요서군에 소속되었고 수隋나라 때는 우북평군, 당나라 무덕武德 2년에는 평주로 되었다가 천보天寶 원년에 북평군으로 개정했으며 건원乾元 원년에는 다시 평주로 되었다. 노룡현,석성현石城縣, 마성현馬城縣 3개 현을 관할하고 있다."

노룡현은 1,400여 년 전 수隋나라 개황開皇 18년(598)에 신창현新昌縣을 개정하여 최초로 설치되었고 그 후 당, 송, 원, 명, 청 등을 거치면서 북평군, 평주, 요서군, 영평로永平路, 영평부 등으로 소속은 여러 차례 바뀌었지만 노룡현이라는 명칭에는 변경이 없었으며, 1985년 하북성 진황도시 관할이 되었다.

송나라 때 하북도 평주는 지금의 하북성 동쪽 진황도시 당산시唐山市 천안시遷安市 일대였고 노룡현, 석성현, 마성현 3개 현을 관할하고 있었다. 『태평환우기』에 나오는 하북도 평주의 노룡현과 현재의 하북성 진황도시 노룡현은 평주와 진황도시로 소속은 바뀌었지만, 그 지역은 같다는 결론을 얻을 수 있다.

천 년 전 조선성이
왜 오늘날의 하북성 노룡현에 있었는가

한국인 중에 중국 북경의 자금성은 알아도 노룡현의 조선성을 아는 사람이 과연 몇이나 있을까.

우리는 여기서 천 년 전 어째서 지금의 하북성 진황도시 북대하 근처 노룡현에 황폐한 조선성이 남아 있었던 것일까 하는 의문에 직면하게 된다.

노룡현 영평부 유적, 조선성, 고죽성, 요서성이 이 부근에 있었다

그에 대한 해답은 『수서隋書』 북평군 노룡현 조항에서 찾을 수
있다.

"**노룡현盧龍縣** : 옛적에는 북평군을 설치하고 신창현과 조선현 두
현을 관할했다. 후제後齊시기에 조선현을 감축시켜 신창현에 편
입시켰다.… 개황開皇 18년에 노룡현으로 명칭을 바꾸었다.(盧龍
舊置北平郡 領新昌朝鮮二縣 後齊省朝鮮入新昌… 開皇十八年改名盧龍)".

『수서』의 기록에 따르면 북평군에서 조선현, 신창현 두 현을 관
할했는데 후제시기에 조선현을 폐지하고 신창현에 편입시켰다. 여
기서 말하는 후제란 북제北齊의 다른 이름이다. 고양高洋이 동위東
魏를 대체하여 황제라 칭하고 국호를 제齊라 하였는데 역사상에서

는 이를 북제 또는 후제라고 호칭한다.

그런데 수나라 개황開皇 18년(598)에 이르러서 조선현을 통폐합한 신창현을 노룡현으로 명칭을 개정했다. 조선현이 신창현으로 신창현이 다시 노룡현으로 명칭이 바뀌었으니 알고 보면 노룡현은 사실 조선현인 셈이다.

수나라에서 조선현을 통폐합해 최초로 설치한 노룡현은 그 이후 당나라를 거쳐 송나라시대까지 행정구역의 큰 조정이나 명칭상의 변동 없이 그대로 존속되었다.

명칭은 노룡현으로 바뀌었지만, 그 지역은 본래 조선현이 있던 지역이므로 『태평환우기』의 노룡현 조항에 '조선성'이 거기 나오게 된 것이다.

노룡현은 주나라 이전에는 고조선의 도성이 있었고 춘추시대에는 고죽국의 국도였으며 한나라 시기에는 요서군 땅이었고 한무제 이후에는 낙랑군 조선현이 되었다. 북제시기에 조선현이 신창현으로 통폐합되었고 수나라 때 노룡현으로 명칭이 바뀌었다.

하북성 노룡현은 뿌리를 더듬어 올라가면 홍익인간을 이념으로 건국한 우리 한민족의 성스러운 나라 고조선과 만난다. 그래서 거기에 천 년 전 송나라 때까지 조선성 유적이 남아서 여기가 조선인의 요람이라고 발해조선의 역사를 증언했던 것이며, 그것이 오늘날 한민족의 새로운 웅비시대를 맞아 필자에 의해서 세상에 공개되게 된 것이다.

10

―

1400년 만에 들통난
하북성 노룡현에 감춰진 조선성의 비밀

조선성이 있던 하북성 진황도시 노룡현은
인류문화의 발상지

중국 북경 동남쪽에 있는 진황도시 노룡현은 한반도와는 무려 수천 킬로미터나 떨어져 있다. 필자가 30년 전『태평환우기太平寰宇記』에서 노룡현에 조선성이 있다는 기록을 발견하고 처음 이곳을

노룡현이 본래 고죽국임을 알리는 조형물

방문할 때 북경까지는 비행기로 가고 북경에서 다시 진황도시까지
는 기차를 이용해 밤새워갔던 기억이 새롭다.

노룡현은 총 면적이 961km²로 한국의 수도 서울보다도 훨씬 넓
다. 인구는 현재 41만 5천 명이 거주하고 있다.

수도 북경까지 거리는 225km인데 기차가 진황도시까지 수시로
다닌다. 북경을 거쳐 심양까지 가는 고속도로는 동서를 관통하고
있다.

진황도시 노룡현을 안내하는 조형물

우리는 북경시 주구점周口店에 세계적인 북경원인北京猿人 유적이 있다는 것은 알아도 하북성 노룡현에 무산원인武山猿人 유적이 있다는 사실은 전혀 알지 못한다.

1976년 진황도시 노룡현의 무산武山 북측 동굴에서 동물화석과 불에 탄 재 등이 있는 유적을 발견했는데 1982년 북경 고척추동물연구소의 감정을 거친 결과 50만년~100만년 전 인류의 생존 유적으로 판명되어 '무산원인 유적'이라고 명명하였다.

시기적으로 북경원인 유적보다도 빠를 수 있는 노룡현의 무산원인 유적은 무슨 이유인지는 모르지만, 유물이 공개되지 않고 있다.

그리고 산해관구 소모산小毛山과 고건장高建庄에서는 신석기시대 유적이, 노룡현 서쪽 난하 유역에서는 청동기시대 유적이 발굴되었다.

이는 노룡현 일대에서 구석기시대로부터 신석기시대, 청동기시대를 거쳐 인류가 생존해 온 인류문화의 발상지임을 말해준다.

노룡현은 1988년에 대외개방구역으로 확정되었다. 90년대 초 중국은 낙후하여 외국인의 출입이 제한된 지역이 많았다. 노룡현은 필자가 방문했을 당시 각종 시설은 현대화되어 외국인의 민박까지 가능했다.

80년대에 벌써 외국인의 자유로운 출입을 허락했다는 것은 노룡현의 자연환경과 교통조건이 얼마나 좋은 곳인가를 짐작게 한다.

현대 중국에서는 노룡현을 어떻게 소개하고 있는가

중국 현대문헌에서 노룡현에 대해 살펴보면 대략 다음과 같이 소개하고 있다.

"은나라 때는 고죽국孤竹國의 국도였고 진나라 한나라시대에는 요서군에 속한 땅이었다. 동진 16국 시기에 전연, 후연, 북연에 소속되었고 북위 시기에는 평주 관할에 귀속되었다.

노룡현 지역은 북위시대까지는 비여현, 비이현, 신창현 등으로 불리다가 수나라 개황開皇 18년(598) 노룡현으로 명칭이 변경되었다. 605년 수나라에서 북평군을 설치하고 노룡현을 소속시켰다. 당나라, 요나라, 송나라, 금나라 때는 평주에 소속되었다. 원나라 때는 흥평부와 영평로에, 명나라 청나라 때는 영평부에 소속되었다.

1913년 중화민국시기에 영평현으로 고쳤고 1914년 다시 노룡현으로 환원시켰다. 1958년 노룡현을 철폐하고 천안현 창려현으로 귀속시켰다가 1961년 다시 노룡현을 설치하고 당산지구에 소속시켰다. 1983년 5월에 당산지구를 철폐하고 진황도시에 소속시켰다."

이것이 근, 현대 중국 문헌에서 노룡현에 대해 설명하고 있는 내용 전부이다.

명, 청시대 이후 노룡현을 소개하고 있는 중국 자료에서는 노룡현의 역사가 고죽국에서 시작되었다고 말할 뿐 고조선에 대한 기록은 단 한 줄도 보이지 않는다. 근, 현대 중국문헌에서 노룡현의 조선성 기사는 철저하게 은폐되어 있다.

그런데 필자가 최초로 남북조시대 유신庾信이 쓴 선비족『두로공신도비문豆盧公神道碑文』에서 "조선이 건국을 하고 고죽이 임금이 되었다(朝鮮建國 孤竹爲君)"라는 기록을 발견함으로써 고죽국 이전에 조선이 먼저 거기서 건국을 했다는 사실을 알게 되었다.

즉『두로공신도비문』은 노룡현에서 시작된 고죽국의 역사는 그 뿌리를 거슬러 올라가면 고조선에 가서 닿게 된다는, 그동안 전혀 알려지지 않았던 새로운 사실을 우리에게 전해준 것이다.

송나라 때 4대 사서 중의 하나인『태평환우기』에서는 "노룡현

북경 원인이 살았던 주구점 용골산의 동굴유적

에 조선성이 있다"고 말했는데 이는 『두로공신도비문』의 "조선이 고죽국에 앞서 노룡현 지역에서 건국했다"는 주장이 허구가 아니라 역사적 사실임을 뒷받침한다.

또한 조선현이 신창현이 되고 신창현이 노룡현으로 명칭이 바뀌었다고 한 『수서』의 기록은 현재의 하북성 노룡현에 송나라 때까지 조선성 유적이 남아 있었던 원인을 설명하는 결정적인 자료가 된다.

동일한 지역이지만 정치적 상황이 변동함에 따라서 조선국, 고죽국으로 다시 조선현, 노룡현으로 명칭의 변경이 이루어졌던 것이다.

노룡현은 현재 하북성 진황도시에 소속되어 있는데 노룡현이 진황도시 관할이 된 것은 불과 40년 전의 일이다. 100년 전에 노룡현은 만주족 청나라 영평부 땅이었고 2,000년 전엔 요서군 지역이었으며 3,000년 전엔 동이족 고죽국의 국도였고 필자가 새로 발굴한 자료 『두로공신도비문』에 의하면 4,000년 전엔 우리 한민족의 고조선이 건국한 땅이다.

한반도를 무대로 살아가는 현대 한국인들에게 중국 하북성 진황도시 노룡현은 너무나 멀리 떨어진 곳이다. 꿈에도 그곳이 고대 한국인들의 생활공간이라고 여기지 않는다.

그러나 바다와 초원과 비옥한 평야가 한데 어우러져 전 중국에서 가장 아름답고 살기 좋은 천혜의 땅 발해유역 진황도시 북대하, 노룡현 일대는 먼 옛날 4,000년 전 한국인의 조상이 피와 땀으로 일구었던 삶의 터전이다.

1,400년 만에 들통난
노룡현에 감춰진 조선성의 비밀,

중국의 하북성은 황하 이북에 있다. 그래서 하북성이라고 한다. 하북성은 동쪽으로는 발해와 맞다 있고 서쪽에는 태행산, 북쪽에는 연산이 있다.

발해유역의 발해만 일대가 고조선의 생활공간이었으므로 고대에 하북성은 고조선의 영역에 포함되었다.

하북성 동남쪽에 있는 노룡현은, 고조선의 도읍지 특히 발해조선의 발상지에 속한다. 그래서 그곳에는 고조선의 흔적이 알게 모르게 많이 남아 있었다.

그런데 수문제隋文帝 양견楊堅(541~604)이 598년 노룡현으로 지명을 변경하면서 고조선과 연결된 고리가 완전히 끊기게 되었다.

지명은 역사가 흐르면서 여러 가지 원인에 의해 변경된다. 그러나 오랜 역사가 흐르더라도 어떤 방식으로 든 그 흔적은 남는 것이 또한 지명이 지닌 특징이다.

중국에 남아 있는 동이족이나 한국사 관련 지명들은 한족들의 의도적인 은폐와 말살로 인해 고대 문헌상에는 지명이 나오지만, 현재 중국 지도상에서는 확인이 안 되는 경우가 태반이다.

그런데 발해조선의 흔적이 숨겨져 있는 송나라의 하북도 평주 노룡현은 1,400여 년 세월이 흐른 지금까지 그 명칭이 바뀌지 않고 현재의 중국 지도상에 그대로 남아 있는 것은 특이한 경우에 해당한다.

한족들이 한국사와 관련된 지명들을 온갖 수단을 다 동원하여 중국 지도상에서 지워버린 전례에 비추어 볼 때 이는 결코 우연이 아니다. 여기에는 분명 그만한 이유가 있는 것이다.

조선현을 노룡현으로 명칭을 바꾼 수문제 양견

수문제는 조선현과 신창현을 통폐합할 때 일반적으로 지명을 변경할 때 사용하는 방식인 신창현에서 신 자를 따고 조선현에서 조 자를 따서 신조현이라 하는 그런 방식을 선택하지 않았다.

조선현과는 아무런 상관도 없는 엉뚱한 노룡이란 지명을 갖다 붙여놓았고 노룡현에서 고조선을 연상한다는 것은 불가능하다고 여긴 한족들은 안심하고 이를 1,400년 동안 사용해 왔던 것이다.

그래서 조선성의 비밀을 간직한 노룡현은 조선성의 주인인 조선민족을 감쪽같이 속여 넘긴 채 1,000년이 넘는 긴 세월 동안 노룡이란 엉뚱한 이름으로 존재해 왔다.

그러나 『태평환우기』 하북도 평주 노룡현 조항 '조선성' 기록의 발견을 통해 1,400년 만에 비로소 노룡현의 속살이 드러났고 노룡현에 감춰진 고조선 역사의 비밀이 들통나게 된 것이다.

이는 역사는 일시적으로 속일 수는 있지만, 영원히 속일 수 없다는 진리를 증명한다. 동북공정으로 한국사 탈취를 시도하는 중국 공산당의 어리석음을 일깨우는 하나의 계기가 되리라 믿는다.

11

진시황 진나라 동쪽 끝은 산동반도,
북쪽은 고조선 땅

최초로 중원을
통일한 진시황

진시황 영정嬴政(서기 전 259~서기전 210)은 진장양왕秦庄襄王과 조희趙姬의 아들로서 조나라 서울 한단邯鄲에서 태어났다. 진시황 영

산동성 성산에 있는 시황묘, 전 중국에서 유일한 시황제 사당이다

정은 조정趙政, 영정呂政으로도 불린다. 성姓이 3개나 되는 것을 보면 그의 출생과정과 유년생활이 순탄치 않았음을 말해준다.

진시황은 13세에 왕위를 계승했는데 이사李斯, 왕전王翦 등을 중용하여 서기 전 230년~서기전 221년까지 약 10년 동안 한, 조, 위, 초, 연, 제 6국을 차례로 멸망시켜 중국 통일의 대업을 완성하고 중앙집권적 다민족통일국가 진왕조를 건립했다.

진시황은 6국을 통일하고 나서 자신의 "덕은 삼황을 겸비하고 공로는 오제를 초과한다"라고 하여 삼황의 황 자와 오제의 제 자를 따서 황제라 호칭하였다. 중국역사 상에서 최초로 황제라는 호칭을 사용한 군주이기 때문에 황제에 시始 자를 추가하여 시황제라 자칭하게 된 것이다.

진시황은 중앙에서는 삼공구경三公九卿 제도를 시행하여 권력을 분산시켰고 지방은 분봉 제를 폐지하여 군현제로 바꾸었다.

진시황이 건설한 직도를 안내하는 표지석

통일 이전에 국가마다 다르게 사용하던 문자와 화폐와 도량형을 하나로 통일시켰다. 북쪽으로 흉노를 공격하고 남쪽으로 백월을 정벌하고 만리장성을 축조했다.

장강과 주강의 물길을 소통시키고 요즘으로 치면 고속도로에 해당하는 치도馳道와 직도直道를 건설하여 사

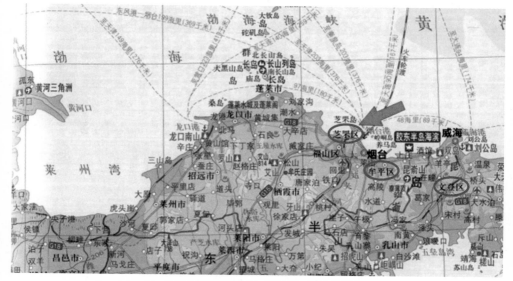
중국 산동성 연태시 지도, 진시황이 방문했던 지부, 모평구, 문등구 등의 지명이 보인다

방의 교통을 원활하게 하였다.

진시황은 분서갱유와 같은 몇 가지 실정 탓에 평가절하되어 있지만 사실 그는 혼란한 전국시대를 마감하고 중국 통일의 새로운 시대를 연 위대한 정치가요 개혁가였다.

정치제도, 경제발전, 문화향상 등 여러 면에서 진시황은 그 후 중국 2천년 역사의 기초를 다진 지도자였다고 해도 과언이 아니다.

다만, 그가 동쪽으로 순행하던 도중 하북성 사구沙丘 땅에서 갑자기 병사하는 바람에 천하통일의 꿈은 이루었지만 이를 제대로 마무리 짓지 못한 것이 유감이다.

권력욕에 눈먼 조고趙高, 이사李斯가 거짓 조서詔書를 꾸며 유능한 태자 부소扶蘇와 명장 왕전王翦 등을 살해하고 실권을 장악, 결국 2세에서 나라가 망한 것은 안타까운 일이 아닐 수 없다.

진시황은 산동성 동쪽의
성산成山과 지부之罘까지 왔다

치우의 후손 흉노족 모돈선우冒頓單于(?~서기전 174)와 단군의 자
손 선비족 단석괴檀石槐(137~181)는 만리장성의 안과 밖을 지배하여
그들의 광활한 영토는 알렉산더 대왕을 초과했다.

만리장성의 안과 밖을 손아귀에 넣고 굴복시킨 모돈선우와 단
석괴는 동이족이고 아시아를 넘어서 유럽으로 뻗어나가 세계를 제
패한 징기스칸 역시 동이족이었다.

진시황은 최초로 중원을 통일한 인물이다. 만리장성 넘어 북방
의 흉노를 통일하지는 못했다. 한고조 유방의 경우도 마찬가지다.
그의 영향력은 중원지역에 한정되었고 만리장성 넘어까지 확대되
지는 못했다.

한족, 한자, 한문화 등에서 보는 바와 같이 지금 중국은 유방이
세운 한나라로 대표되는데 사실 서방에서 중국을 호칭하는 명칭
china는 진秦나라에서 유래했다. 진시황이 바로 그 중원 최초의 위
대한 통일제국을 탄생시킨 장본인이다.

오늘날 2,200년 전 진시황의 파란만장한 생애를 살펴보는 데 있
어 최고의 참고자료가 되는 것은 2,000년 전 사마천이 쓴 진시황본
기이다.

진시황이 방문했던 산동성 지부의 현재 모습

　『사기』 진시황본기 26년조에 따르면 중국 통일 후 진秦나라의 동쪽 국경을 설명하면서 "땅이 동쪽으로 바다와 조선에 이르렀다 (地東至海暨朝鮮)"라고 하였다.

　여기서 말한 바다는 어떤 바다를 가리킨 것인가. '사기정의'에 "이 바다는 발해의 남쪽 양주, 소주, 대주 등지에 이르는 동해를 가리킨다(海謂渤海南　至揚蘇臺等州之東海也)"라고 하였다. 진나라의 동쪽 국경선에 있던 바다는 발해가 아니라 동해라고 분명하게 못 박아서 말하고 있다.

　또한 진시황본기 28년조에서는 진나라의 동, 서, 남, 북의 강역을 설명하면서 "동쪽에는 동해가 있다(東有東海)"라고 아예 동해를 콕 집어서 말하기도 하였다.

이런 기록에 비추어본다면 진시황시대 동쪽 강역 끝은 발해가 아니라 동해였던 것이 의심의 여지가 없다고 하겠다.

그리고 진시황은 천하를 통일한 뒤에 여러 차례 동쪽으로 순행했는데 그때 갔던 곳이 현재의 산동성 위해시威海市에 있는 성산成山과 연태시烟台市에 있는 지부산芝罘山이다.

성산은 산동성 동쪽 끝에 위치한 해발고도 200미터 밖에 되지 않는 낮은 산인데 삼면은 바다로 둘러싸여 있고 한 면은 육지에 연해 있다.

진시황은 이곳을 서기전 219년, 210년 두 차례 방문했고 "하늘이 끝난 곳(天之盡頭)"이라고 지칭했다. 진 승상 이사李斯는 '천진두

중국의 동쪽 끝 성산두의 일출

天盡頭'진동문秦東門'이라고 손수 써서 이곳에 비석을 세웠다.

'천진두'는 중국의 천하가 끝나는 곳이라는 의미이고 '진동문'은 여기가 중국의 동쪽 관문이라는 뜻으로 여기까지가 중국 땅이고 밖은 다른 나라임을 명시하고 있다.

지부之罘는 청나라 때부터는 지부芝罘라고 표기했다. 지부는 중국 산동성 동단에 있는 최대의 연륙도連陸島로서 면적은 11.5km²에 달한다. 진시황은 재임 기간 중 발해와 동해의 분기점이라 할 수 있는 이곳을 세 차례나 방문했다.

진시황은 여기에 자신의 천하 통일을 기념하는 공덕비를 세웠는데 사마천의 진시황본기는 그것을 다음과 같이 기술하고 있다. "성산까지 가고 지부에 올랐다. 비석을 세워 진나라의 덕을 칭송하고 떠났다.(窮成山 登之罘 立石頌秦德而去)"

진시황은 당시 산동성 동쪽 끝에 있는 성산과 지부에 갈 때 "발해 내주만 부근을 따라서 동쪽으로 황현, 수현을 거쳐서 갔다.(幷渤海而 東過黃睡)"라고 진시황본기는 기록하고 있다.

'사기정의'에 "모평현이 옛 수현이다.(牟平縣 古睡縣也)" "문등현이 옛 수현이다.(文登縣 古睡縣也)"라고 하였고 '사기집해'에서는 "지부산이 수현에 있다(之罘山 在睡縣)"라고 하였다.

현재의 중국 지도 상에 산동성 동쪽의 지부구芝罘區 부근에 모평구가 있고 성산 부근에 문등시가 보인다. 이는 진시황이 당시 현재의 산동성 모평구와 문등시 일대를 거쳐서 성산과 지부를 방문했음을 보여주고 있다.

중국 지도 상에 진시황이 방문했던 산동성 동쪽의 성산과 지부,

경유지인 모평현과 문등현이 모두 나와 있기 때문에 그것을 확인하는 것은 그리 어려운 일이 아니다.

진시황은 하북성 진황도시에 온 일이 없다

진황도시는 현재 해항구, 산해관구, 북대하구, 무녕구, 창려현, 노룡현, 청룡만족자치현을 관할하고 있다. 현대중국에서는 진시황이 중국을 통일하고 나서 천하를 36군으로 나누었고 진황도시는 요서군에 소속되었다고 주장하는데 이는 새빨간 거짓말이다.

진나라의 동쪽 강역은 오늘날의 산동성 동쪽 끝에 이르렀고 진시황은 그 동쪽 끝에 있는 성산과 지부까지 왔으며 여기에 중국의 영역임을 표시하는 국경비 내지는 공덕비 성격의 기념비를 세웠다. 이것이 역사의 진실이다.

진시황의 영토가 만일 발해만의 진황도시 북대하, 노룡현, 산해관 일대에 이르렀다면 북대하나 산해관에 국경비를 세우지 왜 산동성 성산과 지부에 건립했겠는가.

진나라의 동쪽 국경선은 왜 발해가 아닌 동해에서 끝났고 진시황의 발걸음은 산동성 끝자락인 성산과 지부에서 멈출 수 밖에 없었는가. 그것은 산동성 북쪽 발해만의 진황도시 북대하, 노룡현, 산해관 일대에는 고조선이 자리하고 있었기 때문이다.

즉 진시황시대의 고조선은 대동강 유역이 아닌 발해만 유역에

성산두에 있는, 천진두 비석

위치해 있었고 그래서 진시황은 진나라 국경인 동해 바닷가 지부, 성산에 와서 자신의 송덕비와 국경비를 세웠던 것이다.

　필자가 30년 전 성산을 방문하였을 때 그곳에는 거대한 진시황 동상이 바다를 굽어보며 서 있었다. 전 중국에서 유일하게 이곳에 진시황을 모신 사당 시황묘가 보존되어 있는 것도 이 지역과 진시황의 깊은 인과관계를 잘 설명해준다.

진시황이 천하를 통일한 이후 동해의 끝자락 산동성 성산, 지부까지 왔었던 것은 확실하다. 『사기』 진시황본기가 그것을 증명하고 현재의 중국 지도상에서 그 지명의 확인이 가능하기 때문이다.

그러나 진시황이 하북성 진황도시에 왔다는 것은 한족의 영토 야욕주의가 만들어낸 터무니없는 낭설이다.

한족들은 우리 밝달민족이 지난날 대륙에 남긴 발자취들을 하나하나 지우더니 이제는 한 술 더 떠 "한국은 역사상 중국의 일부였다"며 한반도의 역사주권마저 빼앗으려 든다. 아! 그 끝은 어디인가, 두렵다.

12

고조선 땅에 세워진
진시황 유적의 모순

**진시황시대에 지금의 진황도시는
고조선 영토**

『사기』 진시황본기에서 "동쪽으로 조선을 멸망시켰다"라고 말
하지 않고 "진나라의 영토가 동쪽으로 동해와 조선에 이르렀다(地
東至海暨朝鮮)"고 한 것은, 진나라의 동쪽 강역은 동해에 이르렀고
발해유역에는 조선이란 나라가 건재하고 있었음을 보여주는 분명

진황도시 북대하구에 건축해놓은 진시황 행궁

한 문헌적 증거이다.

　진시황시대에 고조선은 동북방의 동이족 독립 국가로서 중원에 포함되지 않았다. 지금은 발해유역 하북성 북경시 일대가 중국의 수도지만 진시황시대에 이 지역은 동이족 고조선의 영토였다.

고조선, 고죽국 지역을
진황도시라는 이름으로 바꾼 잔꾀

　1972년 하북성 고고연구소에서 노룡현 서남쪽 난하灤河 연안의 무덤을 비롯한 은왕조 후기의 문화유적을 발굴했는데 거기서 많은 청동기, 도기, 골각기, 석기 등이 출토되었다.

　이 유물들은 하가점하층문화의 특징을 강하게 띠고 있었는데 하가점하층문화는 고조선의 문화로 보는 것이 학계의 공통된 인식이다. 이는 발해유역 진황도시 노룡현 일대가 고조선의 유적지임을 증명하는 고고학적 근거가 된다.

　『사기』 제태공세가에서는 오늘의 산동성에 있던 제齊나라의 강역을 설명하면서 "북쪽으로는 무체에 이르렀다(北至無棣)"라고 말했는데 『사기색은』에서 "무체는 요서의 고죽국에 있었다.(無棣 在遼西孤竹)"라고 주석하였다.

　무체현은 현재 중국 지도상에 나와 있으며 산동성 최북단 빈주시濱州市 관할로 되어 있다. 우리는 그동안 고죽국은 하북성 진황도시 노룡현 일대에 있던 작은 나라로 여겨왔는데 무체현이 고죽

진황도 기차역 앞에 세워놓은 표지석

국 영토라면 고죽국은 발해만의 서남쪽 산동성 북방까지 포함하는 강대한 나라였음을 말해준다.

그리고 중국학계에서는 고죽국을 춘추시대에 제환공이 멸망시 킨 것으로 간주하는 데 이는 문제가 있는 견해이다.

산융山戎이 연燕나라를 정벌하자 연나라가 제나라에 다급한 사 정을 알렸고 제환공이 연나라를 구제하기 위해 산융을 공격했다. 그때의 상황을 『사기』 제태공세가 환공23년 조항은 다음과 같이 기술하고 있다. "드디어 산융을 정벌하여 고죽국까지 갔다가 돌아 왔다.(遂伐山戎 至于孤竹而還)"

이에 관한 기록은 『관자』와 『국어』에도 나오는 것으로 보아 역 사적인 사실로 여겨진다. 다만 『사기』에서는 제환공이 "고죽국까 지 갔다가 돌아왔다"고 말했는데 『관자』와 『국어』에는 "고죽을 참 하였다(斬孤竹)"라고 말하여 표현상에 차이가 있다.

사마천은 "고죽국까지 갔다가 돌아왔다"라고 썼는데 『관자』나 『국어』에서는 "고죽을 참하였다"라고 쓴 것을 본다면 이때 제환공은 고죽국을 멸망시킨 것이 아니라 상처를 입힌 정도일 것이다.

그런데 한족 민족주의자들은 이를 제환공이 고죽국을 멸망시킨 것으로 확대해석하는 바람에 춘추 전국시대 이후의 고죽국 지역이 모두 제나라와 연나라 땅으로 편입되는 결과를 초래했다.

춘추시대에 연나라를 침략한 산융은 누구인가. 한족들의 고조선에 대한 별칭이라고 본다. 연나라 동쪽에서 국경을 마주하고 있던 나라가 고조선이고 또한 당시에 동북방에서 연나라를 공격하여 위기에 빠뜨릴 정도의 강력한 힘을 가진 나라는 고조선 밖에 없기 때문이다.

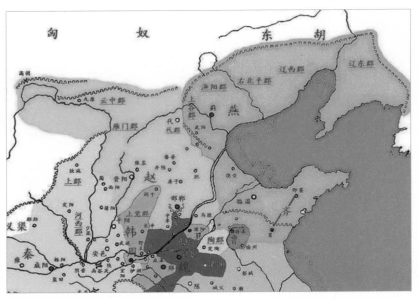

춘추전국시대 연나라 지도, 고조선 땅을 연나라 강역에 포함시켜 가장 약소국을 최대 강대국으로 그려놓았다

고죽국은
고조선에 의해 통합

고죽국은 춘추시대에 제환공에 의해서 멸망한 것이 아니라 산융 즉 고조선에 의해 통합되었다고 본다.

서한시대에 한무제가 고조선을 공격한 다음 논공행상을 할 때 한나라에 협조한 조선인들에게 땅을 떼어주어 제후로 삼았는데 그때 분봉한 지역이 산동성 북방에 있던 땅들이 대부분이다.

이는 하북성 남쪽 산동성 북쪽에 있던 고죽국 영토가 고조선에 의해 병합된 사실을 증명하는 중요한 단서가 된다.

발해조선을 한반도 대동강 유역으로 몰아내고 고죽국이 제환공에 의해 멸망한 것으로 간주하여, 전국 7웅 중 가장 약소 국가인 연나라를 산동성, 하북성, 요녕성에 걸쳐서 지배력을 행사한 초강대국으로 묘사한 것이 한족 민족주의가 만들어낸 중국 고대사다.

그러나 하북성 남쪽 한쪽 귀퉁이 겨우 수백리 땅을 소유했던 연나라는 가장 강성했던 소왕 때도 그 강역은 압록강 서쪽은커녕 하북성 북경시 일대를 벗어나지 못했고 그것도 그 상태를 계속 유지한 것이 아니라 잠시였다.

오늘의 하북성과 산동성 동북쪽을 차지하고 있던 고죽국은 춘추시대 제나라가 멸망시켜 뒤에 연나라에 귀속된 것이 아니라 고조선에 통합되어 고조선이 발해유역의 산동반도, 요동반도 한반도를 아우르는 강대한 나라로 발전했다는 것이 사마천 『사기』가 말하는 역사의 진실이다.

현대 중국에서는 발해까지를 진나라의 강역에 포함시킨다. 그러나 사마천 『사기』 진시황본기는 진시황의 동쪽 강역은 동해라고 분명히 말한다.

현대 중국에서는 발해유역의 하북성 북대하, 노룡현 일대를 진시황이 다녀갔다고 주장한다. 그러나 진시황본기는 진시황이 통일 후에 다녀간 곳은 산동성 동쪽의 성산과 지부라고 말한다.

『사기』에서는 제환공이 "고죽국까지 갔다가 돌아왔다"고 말했는데 현대 중국에서는 제환공이 고죽국을 멸망시켰다고 확대해석한다.

하북성 진황도시는 하, 은, 주, 춘추전국시대를 거쳐 서한시대까지 고죽국, 고조선 영토였는데 한족들이 역사를 조작하여 연나라 영토에 포함시켰고 이제는 뚜렷한 근거도 없이 진황도시라고 지명까지 바꾼 것은 고조선과 고죽국의 역사를 지우기 위한 잔꾀에 지나지 않는다.

진황도시 북대하의 진시황 행궁유적은 가짜다

중국 공산당은 진시황제가 동쪽으로 순행할 때 창건한 대형 행궁유적 중의 하나라고 주장하면서 진황도시 북대하구에 진시황제의 행궁유적을 건축해놓았다.

이 진시황 행궁유적은 1996년 중국 국가문물국으로부터 전국

10대 고고 발견 중의 하나로 인정되었고 오늘날 사용하고 있는 진황도시라는 지명은 여기서 유래가 된 것이다.

하북성 진황도시의 북대하, 노룡현, 창려현 일대는 춘추시대의 고죽국 땅이고 본래는 기자가 망명한 고조선 영토였다. 고조선의 영토이자 고죽국 땅인 현재의 하북성 진황도시에 진시황제의 행궁유적이 있다는 것은 역사적 사실과 부합되지 않는다. 진황도시 북대하의 진시황 행궁유적은 중국 공산당이 손바닥으로 하늘을 가리려고 세워놓은 가짜 행궁이다

진황도시는 고조선시나 고죽국시로 바꾸어야

진시황의 만리장성 동쪽 끝은 거용관까지이고 산해관에서 거용관까지는 진시황의 만리장성이 아니라 그 뒤 명나라 때 쌓은 명나라 장성이다.

중국지도 상에는 만리장성의 동쪽 끝을 산해관까지 그린 것도 있지만 어떤 것은 북한의 수안까지 고무줄 늘이듯이 늘여놓은 것도 있는데 코미디도 이런 코미디가 없다.

『회남자』에 의하면 천하의 중요한 관문 아홉 개(九塞)를 나열하였는데 산해관은 거기 포함되지 않았고 거용관居庸關을 동쪽의 마지막 관문으로 열거했다.

회남자 유안은 유방의 손자로 서한시대 사람이다. 이는 한나라

산동성 지도, 북쪽에 빈주시 관할의 무체현이 보인다

이전에는 산해관은 없었고 만리장성 동쪽의 마지막 관문은 거용관
이었음을 말해준다.

진시황 때 중국의 강역은 북쪽은 북경의 거용관, 동쪽은 동해의
성산두, 지부, 무체현 남쪽까지였다. 진나라의 동쪽, 북쪽 강역이
명확해지면 진나라와 국경을 마주했던 발해조선의 위치가 대충 나
온다. 산동성의 지부, 성산, 무체현 북쪽과 만리장성의 거용관 동
쪽 즉 발해만 일대가 발해조선이 차지하고 있던 강역, 특히 그 중
심지라는 논리가 성립된다.

역사적으로 이 지역과 관련이 있다고 문헌적 고고학적으로 전
혀 증명된 바 없는 진시황을 끌어들이고 그곳에서 발굴한 궁전유

적을 마치 진시황제의 행궁유적인양 날조하고 또 그것을 전 중국의 10대 고고 발굴성과로 치켜세우면서 이를 바탕으로 지명을 진황도시라고 바꾼 것은 발해유역의 첫 국가 발해조선과 동이족 강대국가 고죽국의 역사주권을 말살하려는 속이 뻔히 보이는 얕은 수작이다.

진황도시는 본래 고조선, 고죽국이 있던 지역이므로 현대적으로 명칭을 바꾼다면 고조선시나 고죽국시로 변경하는 것이 이 지역이 지닌 역사적 특성과 부합된다고 하겠다.

13

하북성 노룡현엔 왜
조선성, 고죽성, 요서성 유적이 있었는가

**하북성 노룡현에는 왜 고죽성, 조선성, 요서성 유적이
나란히 있었는가**

송나라 때 편간된 『태평환우기太平寰宇記』는 노룡현 조항에서
고죽성孤竹城, 요서성遼西城과 함께 조선성朝鮮城을 소개하고 있다.

노룡현 서원산에 있는 백이 숙제가 독서하던 곳, 빈터만 남아 있다

중국 지도, 북경 서쪽에 음산, 고북구 동쪽에 희봉구가 보인다

　『태평환우기』에 기록된 순서를 살펴보면 고죽성에 이어서 조선성, 조선성 다음에 요서성이 등장한다. 이는 노룡현의 고죽성 부근에 조선성, 조선성 인근에 요서성이 있었음을 의미한다.

　만일 고죽성, 조선성, 요서성이 거리상으로 멀리 떨어져 있었다면 이런 순서에 따라 기록할 수 없었을 것이다.

　주周나라가 은殷나라를 멸망시키자 이를 신하가 임금을 죽인 패륜이라 여긴 백이, 숙제는 수양산에 들어가 고사리를 캐 먹으며 살다가 죽었다.

　백이, 숙제의 나라가 고죽국인데 그 수도가 지금의 하북성 노룡현이다. 그러므로 거기에 송나라 때까지 고죽성이 보존되어 있었다.

노룡현에는 현재 고죽국 도성 유적인 고죽성은 남아 있지 않지만 백이, 숙제 유적들은 일부가 보존되어 있다. 노룡현 서원산書院山에는 백이, 숙제와 관련된 비석, 우물, 바위에 새겨진 각자 등의 유적이 남아 있어 그 향기를 느낄 수 있다.

필자가 30년 전 방문했을 때 백이, 숙제가 독서하던 곳임을 알리는 "이제독서처夷齊讀書處" 다섯 글자가 또렷이 새겨진 바위가 있어 감회가 깊었다. 다만 동이족의 유적인 탓일까. 성역화가 안 되고 숲속에 방치되어 있는 모습이 안타까웠다.

노룡현에서 동남쪽으로 1,500미터쯤 떨어진 곳에 양산陽山이 있다. 이곳이 고대에는 수양산으로 불렸다. 수양산에 백이, 숙제가 은거했다는 수양산동首陽山洞이 있는데 아마도 백이, 숙제는 여기서 고사리를 캐 먹으며 살았을 것이다.

요서성이 노룡현에 있었던 까닭은?

하북성 노룡현에 왜 요서성이 있었는가. 한국의 반도사학은 요서라고 하면 요녕성 서쪽의 요서를 연상한다. 하지만 한, 당시대에 현재의 요녕성은 존재하지 않았고 당연히 요하도 없었다. 한, 당시대에는 하북성에 요수가 있었고 이를 기준으로 요서, 요동을 나누었다. 이때 노룡현은 요서군에 속했다.

당나라 때 요서군 노룡현 부근에 있던 동북변경 노룡새, 지금은

당나라 때 요서군 노룡현 부근에 있던 동북변경 노룡새, 지금은 희봉구로 명칭이 바뀌었다

희봉구로 명칭이 바뀌었다.

   명, 청시대에는 중국과 조선의 국경이 압록강이었지만 당나라 때까지 중국의 동북변경은 노룡현 부근에 있는 노룡새盧龍塞였다. 노룡새에서 당군과 고구려군이 대치하였다.

   수, 당과 고구려 사이에 전쟁이 빈번하게 발생하자 당나라 변경인 요서의 노룡현 일대에서 수자리를 사는 군졸들이 많았다. 이들은 변경초소에서 장기적으로 복무하며 가정으로 돌아갈 수 없었고 심지어는 삭막한 전장에서 뼈를 묻는 경우도 허다했다.

이때 많은 백성들은 하루속히 전쟁이 종식되고 가정으로 돌아가 단란한 가정생활을 누리기를 염원했다. 그래서 당나라 시인 가운데는 백성들의 이런 염원을 반영하여 쓴 시가 많다.

영호초令狐楚(766~837)가 쓴 다음의 시도 그중의 하나다.

「규중의 여인이 멀리 있는 남자에게 주다(閨人贈遠)」
"비단 이부자리 속 봄 잠에서 깨어나, 사창을 바라보니 새벽은 희미하다. 덜 깬 몽롱한 꿈속, 아직도 요서 땅을 헤맨다.(綺席春眠覺 紗窓曉望迷 朦朧殘夢裏 猶自在遼西)"

이 시는 요서에 군 복무하러 간 사랑하는 남자를 그리며 꿈속에서나마 만나서 사랑을 나누기를 소망한 당나라 여인의 애절한 심정을 뒤에 시인이 묘사한 것인데, 여기서 말한 요서는 요녕성의 요서가 아니라 노룡새가 있던 당나라 동북변경 요서군 노룡현 일대를 기리킨 것이다.

이광李廣(?~서기전119)은 한 무제 때 노룡현에 주둔하고 있었다. 이광이 호랑이인 줄 알고 화살을 쏞았는데 그 이튿날 가서 보니 바위에 화살이 꽂혀 있었다는 '이광사호李廣射虎'라는 고사의 발생지가 이곳 노룡현이다. 노룡현 남쪽에 지금도 그 호랑이를 쏞았다는 유적지가 남아 있다.

당나라 시인 왕창령王昌齡(698~757)은 '변방을 나가며(出塞)'라는 제목으로 쓴 시에 "용성에서 비장군이 지키고 있게 했다면 호족의 말이 음산을 넘도록 하지 않았을 것이다(但使龍城飛将在 不教胡馬度陰山)"라고 말하였다. 여기서 말한 용성은 노룡성을, 비장군은 이광을 가리킨 것이다.

서한의 저명한 장수인 이광이 노룡현에 주둔하고 있었다는 것도 노룡성이 한, 당시대에는 중국의 변방 지역이었음을 말해주는 하나의 단서가 된다.

송나라 때의 평주 노룡현은 한나라 때는 요서군에 소속되어 있었다. 그 뒤 위진남북조시대를 거쳐 수당시대에 이르기까지 노룡현은 줄곧 요서군에 속했고 또한 군청, 현청 소재지이기도 하였다. 그런 연유로 노룡현에 요서의 황폐한 성이 송나라 때까지 남아 있었던 것이다.

『태평환우기』를 통해 밝혀진 조선성

이성계가 한반도에 세운 한양조선은 명, 청시대에 중국의 속국이나 다름이 없었다. 이런 보잘 것 없는 나라의 선조들이 남긴 발자취가 대륙의 발해유역 북경 부근 여기저기서 발견된다는 것은 저들에게 달갑지 않은 일이었다.

저들은 그 흔적 지우기에 나서서 북경 북쪽의 조선하를 조하, 조리하로 글자를 변경했고 하북성 노룡현에 고죽성과 나란히 있던 조선성은 쏙 빼놓고 일체의 기록에서 언급하지 않았다.

그래서 우리는 북경 북쪽의 조선하도 하북성 노룡현의 조선성도 모두 까마득히 잃어버렸다. 이를 인용하여 저서에서 언급한 경우는 한양조선 500년 동안 단 한 사람도 없었다. 항일전쟁 시기 35년을 거치면서 일본이 날조한 대동강 낙랑설로 인해 반도사관은 고착화되었다.

다행히 『태평환우기』에서 하북도 평주 노룡현에 조선성이 있다는 사실이 밝혀지고 "조선이 건국을 하고 고죽이 임금이 되었다"라는 『두로공신도비문』의 기록에 의해서 백이, 숙제의 나라 고죽국이 본래는 고조선 영토였다는 것을 비로소 알게 된 것은 21세기 한국 사학이 거둔 세기적인 성과이다.

현재의 진황도시 노룡현은 3,000년 전 주나라 시기엔 고죽국의 영토였고 4,000년 전엔 이곳에서 고조선이 건국되었으며 그 역사의 맥은 위진 남북조시대까지 2,000년을 이어지며 조선현이란 이름으로 명맥을 유지했다.

이것이 송나라 때의 하북도 평주 노룡현, 지금의 하북성 진황도시 노룡현에 조선성이 등장하는 이유이다.

노룡현 조선성을 우리에게 알려준 『태평환우기』는 어떤 책인가

'태평환우기'는 송나라 때 낙사樂史(930~1007)가 편찬한 지리 총서로서 모두 200권으로 되어 있다. 낙사는 무주撫州 의황宜黃(지금은 강서성에 속함) 사람으로 처음에는 남당南唐에서 벼슬하였고 송나라에서는 지주知州, 삼관 편수三館編修, 수부 원외랑水部員外郎 등을 역임했다.

송나라 태종 태평흥국太平興國 4년(979) 송나라가 북한北漢을 멸망시키고 오대십국五代十國의 분열 국면을 마무리지었는데 기존에 있던 지리지인 『원화군현지元和郡縣志』는 그 내용이 너무 간략했고 또 당나라 말엽 오대五代 분열시기에 지명이 바뀐 곳도 많았다.

이에 낙사는 이 책의 편찬에 착수하여 여러 해 동안 노력을 기울인 끝에 완성하였다. 송나라 태종 태평흥국 연간(976~983)에 편간된 이 책은 현존하는 지리 총서 가운데 비교적 시기가 빠르고 완전한 책으로 평가된다.

이 책의 앞부분 171권은 송나라 초기에 설치된 하남河南 관서關西 하동河東 하북河北 검남서劍南西 검남동劍南東 강남동江南東 강남서江南西 회남淮南 산남서山南西 산남동山南東 농우隴右 영남嶺南 등 13도에 의거하여 각 주州 부府의 연혁, 호구, 풍속, 성씨, 인물, 토산 및 소속 각 현縣의 개황, 산천, 고적, 요새 등으로 나누어 기술하였다.

당시에 유주幽州, 운주雲州 등 16주는 비록 송나라의 판도에 들어 있지는 않았지만 아울러 기술함으로써 장차 회복하겠다는 의지를 분명히 하였다.

13도 이외에는 또 '사이四夷'라는 항목을 따로 설정하여 여기서 주변의 각 민족들에 대해 29권으로 기술했다.

이 책에는 지금은 이미 유실되고 전하지 않는 진귀한 사료들이

다수 포함되어 있어 한나라에서 송나라까지, 특히 당나라와 오대십국사를 연구하는 데 매우 중요한 가치를 지니고 있다.

『태평환우기』 노룡현 조항의 조선성 기사는 한국 상고사는 물론 동아시아의 역사를 다시 써야할 정도의 중대한 의미를 지니고 있다. 필자가 이를 최초로 발견한 것은 30년 전의 일이다. 이제서야 공개한 것은 그동안 자료의 보완 작업이 필요했기 때문이다.

『무경총요』에서 말한 북경 북쪽의 조선하, 현재의 노룡현 고대의 고죽국지역에서 고조선이 건국했다는 『두로공신도비문』의 내용은 『태평환우기』의 조선성 기록과 함께 발해조선의 역사를 뒷받침하는 결정적인 자료들이다.

14

발해조선 입증하는
모용선비족 두로공 신도비문

**발해조선은 언제 어디서
건국되었나**

동양의 지중해인 발해는 산동반도, 요동반도의 광활한 지역에 펼쳐져 있다. 발해유역에 조선국이 있었다면 드넓은 발해유역 어디에 도읍을 정하고 언제 건국된 것일까.

『삼국유사』는 고조선 조항에서 먼저 『위서魏書』를 인용하여 "4,000년 전 단군왕검이 아사달에 도읍을 정하고 개국하여 국호를 조선이라 했다"고 했다.

『위서』는 남북조시대 북제北齊 사람 위수魏收(507~572)가 4세기 말~6세기 중엽까지 존속했던 북위 왕조의 역사를 기전체로 저술한 책으로서 모두 124권으로 구성되어 있다.

북위는 고조선의 후예인 선비족이 중원에 진출하여 세운 왕조이고 북제(550~577)는 고구려 고주몽의 후손 고양高洋이 동위東魏를 무너뜨리고 건국한 정권이다.

그러므로 북제 사람 위수가 쓴 선비족 북위의 역사서에 단군조

모용선비족 두로공신도비,
조선과 고죽에 관한 기사가 비문 첫 줄에 등장한다

선 개국 관련 기사가 실린 것이고 일연이 이를 인용한 것이다.

일연은 다시 『고기古記』를 인용하여 "단군왕검이 평양성에 도읍을 정하고 조선이라 하다가 백악산 아사달로 도읍을 옮겼으며 주무왕시대에 기자를 조선에 봉하자 단군은 장당경으로 옮겼다"고 했다.

일연이 인용한 『고기』는 구체적으로 어떤 기록을 가리킨 것인지 분명치 않다. 그러나 『세종실록』에 '단군고기'가 실려 있는 것을 본다면 지금은 전하지 않지만 일연이 살았던 고려시대까지는 여러 종류의 단군 관련 옛 기록이 존재했음을 미루어 짐작할 수 있다.

『삼국유사』는 위만조선은 고조선에 포함하지 않고 별도로 취급하여 "연나라 사람 위만이 패수를 건너와 조선을

발해조선의 옛 땅에서 전연국을 세운 모용황의 동상

복속시키고 왕검성에 도읍했다"고 했다. 이는 한양조선에서 위만조선도 고조선으로 취급한 것과는 견해를 달리한 것이다.

『삼국유사』에 의하면 고조선의 개략적인 건국 연대를 짐작할 수 있다. 단군조선은 약 4,000년 전에 개국 되었고 기자조선은 약

3,000년 전 서주 무왕시대에 출범했으며 위만조선은 약 2,000년 전 전한시대에 건국되었다.

『삼국유사』에서 고조선의 도읍지로 등장하는 곳은 아사달, 평양성, 장당경, 왕검성 모두 네 군데이다. 그러나 지금껏 4곳 중 어느 하나도 그 위치가 제대로 밝혀진 곳이 없다. 고조선의 첫 도읍지가 어딘지 밝혀지지 않았기 때문에 고조선의 발상지가 오리무중이다.

발해유역에 있었던 발해조선은 과연 언제 어디서 건국되었는지 그것을 고증할 방법이 있는가.

선비족 『두로공신도비문豆盧公神道碑文』으로 본 발해조선의 건국

『두로공신도비』는 중국 남북조시대에 유신庾信(513~581)이 지은 것으로 북주 천화天和 원년(566)에 각자刻字되었다. 비문은 당연히 566년이나 또는 그보다 조금 앞서 저술했을 것이므로 이는 지금으로부터 대략 1,500년 전의 자료가 되는 셈이다.

그런데 이 비문은 현재 유신의 문집에 실려 있을 뿐만 아니라 566년에 세운 비석이 보존되어 있기 때문에 사료적 가치는 배가 된다고 할 수 있다.

『삼국사기』『삼국유사』를 비롯한 한국문헌 가운데 『두로공신도비』를 언급한 내용은 없다. 그래서 『두로공신도비』는 한국인들에게 잘 알려져 있지 않다.

필자가 『사고전서』에서 찾아내 학계에 처음 소개한 『두로공신도비문』은 한국의 고조선사 연구에서 기념비적 가치를 지닌 매우 소중한 비문이다. 그 사료적 가치를 놓고 볼 때 고구려 광개토 호태왕비에 내리지 않는다고 해도 과언이 아니다.

한국의 반도사학이 고조선사의 세기적 발굴에 해당하는 이런 귀중한 자료를 모른 척하며 여전히 사료 부족 탓만 하는 현실이 너무나 안타까울 뿐이다.

두로공(506~563)은 중국 남북조시대에 북주에서 농우총관부장사隴右總管府長史를 역임하고 태자소보太子少保에 증직된 두로영은공豆盧永恩公을 말한다.

여기서 두로는 성, 영은은 이름을 가리킨다. 두로씨는 원래 모용선비족인데 후연後燕의 모용장慕容農이 탁발선비 정권인 북위에 항복하자 두로라고 성을 하사했다. 두로는 선비족의 언어로서 귀순이란 뜻이다.

따라서 모용장이 두로씨의 시조가 되는 셈인데 이들은 뒤에 다시 노씨盧氏로 바뀌었다. 『성씨심원姓氏尋源』에 따르면 북위 효문제 탁발굉拓跋宏이 태화太和(477~499) 초기에 조서를 내려서 두로씨를 노씨로 개정했다고 한다.

한국에서는 노씨에서 대통령이 두 분이나 나왔는데 이들의 뿌리를 거슬러 올라가면 모용선비족 두로씨에 가서 닿게 된다고 본다. 『두로공신도비문』에 의해서 모용선비족 두로씨는 한국인과 혈통이 같은 고조선의 후예란 사실이 밝혀졌다.

두로영은 즉 노영은에 관한 행적은『주서周書』및『북사北史』의
『두로녕전豆盧寧傳』말미에 비교적 상세히 기술되어 있어, 비문 내
용과 참조하면 그의 생애를 이해하는 데 큰 도움이 된다.

신도비문의 주인공 두로영은은 두로은豆盧恩으로도 불린다. 그
래서 두로은비라 하기도 하고 또 그가 모용선비족이므로 모용은비
慕容恩碑라 불려지기도 한다.

비문의 첫 머리는 다음과 같이 시작된다

"군君의 휘는 영은, 자는 모某, 창려 도하徒河 사람이다. 본성은 모
용으로 연나라 문명제 황皝의 후손이다.(君諱永恩 字某 昌黎徒河人

전연국의 건국지역, 고조선의 건국지역과 일치한다

本姓慕容 燕文明帝皝之後也)"

이 기록은 두로영은은 본래 모용선비로서 전연前燕을 건국한 모용황(297~348)의 후손이고 그가 태어난 고향은 중국 하북성 창려군으로 한국과는 아주 멀리 떨어진 곳임을 말해준다.

그런데 두로공 신도비문은 위의 내용 뒤에 바로 이렇게 이어진다. "조선은 기자를 분봉한 땅이고 고죽은 백이의 나라이다.(朝鮮箕子之封 孤竹伯夷之國)"

선비족 모용은 비문은 전연국前燕國을 건국한 모용선비의 지난 역사를 서술함에 있어서, 은나라 왕족 기자가 분봉되었던 고조선과 백이 숙제의 나라 고죽국을 언급하는 것으로 서두를 장식했다.

이는 발해유역에서 건국한 모용황의 전연국에 선행한 나라가 고죽국이고 고죽국에 선행한 나라가 조선국으로서 전연국은 고죽국, 고죽국은 조선국에 뿌리를 두고 건립되었다는 것을 의미한다.

비문의 주인공 두로영은은 한양에 있던 이성계의 조선이나 고구려, 백제, 신라와는 전혀 무관한 인물이다. 그는 중국 하북성 창려군 출신으로 선비족 모용황의 후손이다. 그런데 두로영은의 비문에서 왜 우리 한민족의 고대 국가 조선이란 나라 이름이 맨 앞에 등장하는가.

이는 선비족이 우리 한민족과 피를 나눈 동족이자 전연국이 건국했던 발해유역에서 일찍이 조선국이 거기서 최초로 건국되었음을 입증하는 명백한 증거라고 하겠다.

발해조선은 발해유역 북경 부근
고죽국 지역에서 건국되었다

비문의 체제는 대체로 앞에서 비문의 주인공 행적을 서술하고 뒤에서 이를 다시 요약하여 명문銘文을 붙이는 형태로 구성되는데 『두로공신도비문』의 명문은 다음과 같이 시작된다. "조선이 건국을 하였고 고죽이 임금이 되었다(朝鮮建國 孤竹爲君)"

이는 앞에서 언급한 조선국과 고죽국에 관한 내용, 즉 선비족 모용황이 발해유역에서 전연을 건국하기 앞서 고조선이 최초로 건국했고 고죽국이 이어서 임금이 된 역사적 사실을 여덟 글자로 간단히 요약한 것이다.

발해유역의 하북성 창려군 출신 선비족 『두로공신도비문』에 등장하는 '조선건국 고죽위군'이라는 여덟 글자는 고대 조선이 발해유역, 발해유역 중에서도 특히 고죽국이 있던 발해만의 하북성 진황도시 북대하, 노룡현 일대에서 건국했다는 것을 입증하는 결정적인 금석문 자료라고 본다.

모용선비가 세운 전연국前燕國은 발해유역에서 건국했고 조양朝陽에 도읍을 정했다. 전연국의 역사를 설명하기 앞서 "조선이 그 지역에서 최초로 건국했다"고 잘라 말한 『두로공신도비문』은 조선의 발해만 건국을 간접적이 아닌 직접적인 방식을 통해 언급했고 심증적으로가 아니라 실증적으로 확인할 수 있게 해주었다.

15

한양조선은
발해조선을 계승했는가

**북경 부근에서 건국한 최초의 국가는
우이嵎夷족이 세운 발해조선**

한반도에는 역사상에서 조선하나 조선성이 있었다는 기록을 찾아볼 수 없다. 1,000여 년 전 북경 북쪽에 조선하가 있었다는 『무경총요』의 기록은 북경이 일찍이 발해조선의 일부였음을 입증하는

상서 요전편에 발해의 모퉁이에 살았던 우이족에 관한 기록이 보인다

당나라에 의해 우이도행군총관으로 임명된
신라 태종무열왕 김춘추

움직일 수 없는 방증이다.

백이, 숙제의 나라 고죽국의 도읍지, 현재의 하북성 노룡현에 조선성이 있었다는 1,000여 년 전 『태평환우기』의 기록은 고조선의 발해유역 존재를 입증하는 결정적인 근거이다.

그리고 고죽국이 건국되기에 앞서 거기서 고조선이 먼저 건국하였다는 1,500년 전 『두로공신도비문』의 "조선건국 고죽위군" 여덟 글자는 『무경총요』와 『태평환우기』의 발해조선 기사가 역사적 진실임을 뒷받침한다. 이런 발해조선 자료들이 발굴되기 이전에는 『산해경』에서 말한 "발해의 모퉁이에 조선이란 나라가 있다"는 기록이 다소 허황하게 느껴졌던 것도 사실이다.

그러나 이제는 발해유역 북경 부근에서 건국한 첫 국가는 고조선이란 것이 여러 문헌을 통해서 확실하게 객관적으로 실증되었다고 본다.

사실 우리가 그동안 사대, 식민사관에 눈이 가리어 고조선의 실체를 제대로 파악하지 못했을 뿐 고대 문헌은 이미 여러 가지로 그것을 입증하고 있었다.

예컨대 『서경』 「요전편」에는 "모퉁이에 동이족이 거주하는데 그곳은 해 뜨는 골짜기이다.(宅嵎夷 曰暘谷)"라는 내용이 실려 있다. 여기서 말한 모퉁이에 사는 동이족 '우이嵎夷'가 바로 『산해경』에서 말한 발해의 모퉁이에 살던 고조선인을 지칭한 것이라고 본다.

먼 옛날 고조선사람들은 발해의 모퉁이, 지금의 발해만에 거주했다. 그래서 이들을 가리켜서 모퉁이에 사는 동이족, 즉 우이嵎夷라고 호칭했던 것이다.

『산해경』에서 말한 발해의 모퉁이에 살았던 조선인, 『서경』에 말한 태양이 치솟는 동쪽 땅 모퉁이에 살았던 '우이'가 바로 우리 한국인의 조상을 가리킨다는 것은, 당나라에서 신라의 김춘추를 우이도행군총관嵎夷道行軍摠管으로 임명한 데서 그 하나의 중요한 근거를 찾을 수 있다.

그런 점에서 지금의 북경을 최초로 중국의 정식 수도로 정한 것은 몽골족의 원나라지만 발해의 모퉁이 북경 부근에서 뿌리를 내리고 살아가며 최초로 세운 나라는 우리의 선조 우이족이 세운 고조선이 분명한 것이다.

한반도의 한양조선은 발해유역의 발해조선을 계승했는가

얼마 전 '발해조선의 역사와 한국의 비전'이란 제목으로 강연을 마치고 나오는데 어떤 젊은이가 다가와 "한반도의 한양조선이 중국의 발해조선을 계승했다는 근거가 있느냐"고 물었다.

중국의 동북공정은 고려는 고구려를 계승하지 않았고, 고려는 한국사에 해당하지만 고구려는 중국의 지방정권이라고 주장한다.

조선도 이성계가 한반도에 세운 조선은 한국사지만 고조선은 중국사라고 주장하는 것이 동북공정 이론이다.

발해조선을 한국사로 취급하는데 반기를 든 젊은이는 아마도 동북공정을 추종하는 중국인 유학생일 가능성이 크다고 본다.

한반도의 한양조선이 대륙의 발해조선을 계승했다는 분명한 근거는 『조선왕조실록』에서 찾을 수 있다.

『태조실록』에 따르면 태조 원년(명태조 홍무 25년) 이성계는 중원에서 태어나 주원장과 교분이 있는 중추원사 조반趙胖을 명나라에 사신으로 보내 그의 즉위 사실을 알렸다. 조반이 귀국할 무렵 주원장은 "국호를 무엇으로 바꿀 것인지 빨리 알려달라(國更何號 星馳來報)"고 하였다.

이성계는 밀직사사密直司事 한상질韓尚質을 명나라에 파견하여 조선, 화녕和寧 두 개의 국호 중 어느 하나를 재가해주기를 요청했다.

주원장은 "동이의 국호 가운데 오직 조선이란 명칭이 아름답고 또 그 역사도 오래되었으니 본래의 옛 명칭을 그대로 사용하는 것이 좋겠다(東夷之號 惟朝鮮之稱美 且其來遠矣 可以本其名以仍之)"라고 말하였다.

이성계가 국호를 자주적으로 결정하지 못하고 중국 황제의 재가를 요청한 것은 우리 역사상 일찍이 전례가 없는 일로서 이성계의 사대주의를 반영하는 상징적인 사건이다.

이성계 조선의 정책 기조는 전제개혁, 숭유억불, 사대교린이었다. 사대가 국가 정책의 중요한 기조를 이루다 보니 국호를 중국 황제의 재가를 받아 결정하는 수치스러운 일이 발생한 것이다.

다만, 조선이란 국호를 재가하는 과정에서 주원장이 "동이의 국호 가운데 오직 조선이란 명칭이 아름답고 또 그 역사도 오래되었다."라고 발언한 것을 본다면 주원장은 고조선의 유장한 역사에 대해 잘 알고 있었다.

또한 태조 6년 양촌陽村 권근權近이 중국을 방문했을 때 주원장이 써준 어제시御製詩 가운데는 "단군 가신 지 오래인데 왕조가 몇 번이나 바뀌었는가(檀君逝久幾更張)"라고 말한 내용이 있다. 이는 주원장은 단군조선에 대해서도 상당한 이해가 있었음을 말해준다.

이성계가 한반도에 세운 한양조선이 발해조선을 계승한 나라라는 것은, 국호를 조선으로 정해주며 "조선이란 본래의 옛 명칭을 그대로 사용하는 것이 좋겠다"고 제안한 주원장의 발언에서 여실히 입증된다.

『태조실록』에 실려 있는 조선의 국호제정과 관련된 주원장의 발언은 고조선은 중국과는 무관하다는 것을 역으로 입증한다. 한양조선이 발해조선을 계승했다는 것을 중국의 황제가 인정한 매우 객관적인 근거이다. 한국인은 우리가 오늘의 북경을 개척한 첫 주인이라는 사실에 자부심을 가져야 한다.

조선사는 한양조선과 발해조선으로
구분해야 한다

우리 학계는 그동안 왕조와 시대를 기준으로 조선사를 구분해 왔다. 단군조선, 기자조선, 위만조선을 고조선, 이성계 조선을 근세 조선이라 하는 것이 그것이다.

그러나 필자는 이러한 구분법에 반대하고 대륙의 발해조선과 한반도의 한양조선으로 나누어야 한다고 여긴다. 발해조선의 설정이 필자의 새로운 관점이다.

단군조선은 신화이고 기자조선은 허구이며 위만조선은 실재했다고 보는 것이 한국 반도사학의 통설인데 단군, 기자조선을 부정하고 위만조선부터 실재 역사로 인정하면 우리는 일본보다도 역사가 짧은 2,300여 년 역사를 가진 역사 후진국이 되게 된다.

어디 그뿐인가. 출발부터 중국 한족의 지배를 받은 열등 민족으로 전락한다. 그러므로 한국의 반도사학은 일본 식민사학을 계승했다고 말하는 것이다.

발해의 모퉁이 북경 부근에는 발해조선을 뒷받침할 조선하, 조선성이 있었다. 그러나 북한의 대동강 유역에는 평양조선을 뒷받침할 아무런 근거가 없다. 대동강 낙랑설과 평양의 단군릉은 후세에 조작된 것이다.

기자가 망명한 조선을 대동강 유역 평양으로 설정하면 그가 망명객 신분으로 당시 은나라의 서울 하남성 안양을 떠나 한반도 평양까지 온다는 것은 불가능하다. 그래서 기자동래설이 허구라는 주장이 나오게 되었다.

일본은 항일전쟁기에 대동강 낙랑설을 주장하며 대동강 변 토성리에서 발굴한 유물을 그 근거로 내세웠다. 그러나 위만조선의 왕검성을 현재의 대동강 유역 평양으로 볼 경우, 한무제가 위만조선을 공격할 때 대동강이 아닌 하북성의 "갈석산을 넘어와서 현도 낙랑군을 설치했다(東過碣石 以玄菟樂浪爲郡)"는 『전한서前漢書』의 기록과 배치된다.

단군조선은 발해유역에서 건국했고 기자가 왔던 조선도 발해유역에 있었으며 위만이 침공한 준왕의 조선 또한 발해유역이다. 이들 세 조선은 모두 발해유역에 있었으므로 한데 묶어 발해조선이라 표기하고 이성계 조선은 한반도의 한양에 있었으므로 한양조선이라 지칭하는 것이 옳다.

단군, 기자, 위만조선은 모두 발해유역에 있었고 이성계 조선만 한반도에서 건국되었으므로 발해조선과 한양조선으로 구분하는 것이 역사 사실에 부합된다.

조선사를 발해조선과 한양조선으로 나누는 새로운 구분법은 두 가지 면에서 큰 의미를 지닌다.

첫째 발해조선과 한양조선으로 분류하면 그 명칭 상에서 이미 대륙사관이 명확하게 드러남으로써 반도사관을 혁파하는데 결정적인 도움을 준다.

둘째 발해조선이란 명칭을 사용하면 그것만으로도 우리 민족의 긍지를 드높이고 동북공정에 대응하는 데 큰 효과를 가져다줄 수 있다.

16

발해조선 없는 한국사가
동북공정 불렀다

중국 동북공정의 심각한
고조선사 왜곡

중국은 공산당 정권이다. 언론자유를 제한하고 있는 중국에서 인터넷 사이트도 예외는 아니다. 겉으로는 기업을 표방하지만, 내

사직공원 단군성전에 모신 단군상

용적으로는 국영이나 마찬가지다. 14~15억에 달하는 중국인이 매일 이용하는 중국 최대의 검색 사이트 바이두에서 우리나라의 고조선 역사를 어떻게 설명하고 있는가.

"고조선은 한무제가 한사군(서기전 108년)을 설치하기 이전, 고대에 지금의 조선반도 북부에 자리 잡고 있던 초기국가에 대한 호칭이다. 주요하게 중국 역사상에 기록된 기자조선, 위만조선 두 개의 전후에 걸친 제후국, 번속국藩屬國을 가리킨다.

주의를 요하는 것은 문화적으로나 또는 혈연적 속성을 물론하고 저들은 모두 지금의 대한민국과 조선의 역사에 속하지 않고 중국 고대의 지방 정권이란 것이다. 조선과 한국 측에서는 후세에 위조한 신화 전설중의 단군조선이 바로 고조선이라 인식하고 있다."

이 내용은 고조선은 독립국이 아니라 중국의 제후국, 번속국 즉 현대적으로 표현하면 중국의 지방 정권임을 전제하고 있다.

또한, 고조선은 역사 문화적으로뿐만 아니라 혈연적으로도 한국에 속하지 않고 중국의 화하족이라고 말하였다. 단군조선은 후세에 허위로 날조된 신화 전설이고 한국인은 화하족 황제 헌원씨의 후손이란 것이다.

"한국은 역사상 중국의 일부였다"라고 공개적으로 천명한 시진핑의 발언은 이런 역사 인식의 기초위에서 나온 것이다.

한국사가 중국사이고 한국문화가 중국문화라는 역사문화의 침

서울 종로구 사직동에 있는 단군성전, 우리민족의 국조를 모신 사당으로는 너무나 초라하다

탈을 넘어서 이제는 한국인의 혈통까지 중국 화하족의 혈통이라는 논리를 중국 최대의 인터넷 사이트를 통해 내세우는 것을 보면서 실로 경악을 금할 수 없다.

동북공정 이전의 중국 민족주의자들은 조선이 문화적으로 중국의 아류라고 주장한 경우는 있었다. 그러나 고조선의 혈통이 화하족의 혈통이라고 주장한 사례는 일찍이 없었다.

한국인은 단군의 자손이 아니라 혈연적으로 중국 한족의 혈통을 받고 태어났다는 주장은 이 얼마나 해괴하고 허황한 논리인가. 한국정부와 국민은 동북공정에 의해 한국사와 한국민족이 이렇게까지 심각하게 왜곡되고 있다는 사실을 아는가 모르는가.

한국 반도사학의
한심한 고조선사 인식

오늘날 흔히 한국사학을 강단사학과 재야사학으로 나누는데 이는 잘못이다. 한국사학은 한반도의 대동강을 중심으로 한국사를 설명하는 반도사학과 대륙의 발해유역을 중심으로 한국사를 설명하는 대륙사학으로 구분된다.

대륙사학은 신채호, 최남선, 안재홍, 정인보 등으로 대표된다. 신채호는 고조선의 강역을 요동, 요서는 물론 상곡, 어양, 우북평과 산동성 일부까지 포함한 것으로 인식하였다. 정인보는 고조선을 발조선, 진번조선, 예맥조선, 낙랑조선으로 나누고 그 강역이 한반도를 넘어 동북 삼성을 포함한 것으로 파악하였다.

그러나 불행히도 한국사학에서 대륙사관은 계승되지 못하고 단절되었다. 광복 후에 일본의 식민사관을 계승한 세력이 강단을 장악했기 때문이다.

따라서 한국사학은 현재 단군에 신화의 굴레를 씌워 한국사의 상한을 위만조선까지로 단축하고, 한사군의 낙랑을 대동강 유역으로 옮겨와 한국사의 강역을 압록강 안으로 축소한 반도사학이 주류를 형성하고 있다. 이병도, 이기백, 이기동, 노태돈, 송호정 등이 그 중심세력이다.

이병도는 아사달을 북한 평양, 패수를 청천강, 열수를 대동강으로 보아 고조선의 중심지를 지금의 북한 평안남도 일대로 설정하였다. 《한국고대사연구 참조》

이기백은 우리나라 최초의 국가가 고조선이고 그 서울은 대동강 유역의 평양이었다."라고 하였다.《한국고대사론 증보판, 일조각, p.2, p.51》

이기동은 "성읍 국가로서의 고조선은 최초 대동강 유역의 평양에 자리 잡고 있었던 것 같다."라고 말했다.《한국사강좌1, 일조각, p.28, p.41》

이기백과 이기동의 견해에 따르면 고조선은 3천 년을 전후한 시기에 대동강 유역에서 출발한 조그마한 성읍 국가였다.

송호정은 여기에 한 술 더 떠 2004년 '단군 만들어진 신화'라는 제목으로 출간한 책 서문에서 이렇게 말했다. "단군 및 단군조선은 고조선의 국가 권력이 형성되고 난 후에 지배층 사이에서 만들어진 신화 속의 이야기이지 실재한 역사가 아니라고 보고 있다," 송호정은 단군조선을 만들어진 신화로 간주하여 존재 자체를 아예 부정했다. 중국의 동북공정 이론과 무엇이 다른가.

발해조선 없는 한국사가 동북공정 불렀다

반도사관은 고조선의 건국을 길게 잡아 3,000년 전후로 보는데 이는 중국의 서주西周시대에 해당하는 시기이다. 그러면 한국사 출발이 중국의 첫 국가인 하夏나라에 비해 1,000여 년이나 뒤진다. 역사적으로 중국의 후진국, 문화적으로 중국의 아류가 되고 만다.

반도사관은 고조선의 국조 단군을 만들어진 신화로 취급하는데 그러면 우리 민족은 혈통을 알 수 없는 민족으로 전락하여, 뿌리

없는 나무 근원이 없는 물과 같아진다.

　중국 동북공정의 한국사에 대한 인식은 첫째 단군조선은 신화적 전설이라는 것이고 둘째 고조선은 역사 문화적으로 중국의 아류이자 지방정권이란 것이며 셋째 고조선은 혈통적으로 화하족의 혈통에 속한다는 것이다.

　한국의 반도사학이 우리의 첫 통일국가 단군조선을 신화로 취급하니 저들도 신화로 취급하는 것이고 우리의 건국을 3,000년 전후로 잡으니 역사 문화적으로 중국의 후진국이란 논리를 도출한 것이며 우리가 혈통을 이어받은 뚜렷한 조상이 없으니 저들이 화하족 황제 헌원의 혈통을 이어받았다고 주장하는 것이다.

　반도사학처럼 단군조선을 신화로 부정하면 우리의 혈통이 불분명해지고 고조선의 건국을 4,000년 전이 아닌 3,000년 전후로 잡으면 중국의 역사 후진국이 되며 중국을 지배한 발해조선을 부정하고 한반도 대동강 고조선을 고집하면 중국의 지방정권이 되게 된다. 중국의 동북공정은 어느 면에서는 한국의 반도사학이 빌미를 준 것이다. 발해조선을 되찾지 않고서는 동북공정은 극복할 수 없다.

17

평양의 단군 무덤
고조선 때 것일까

북한의 국보 제1호
고구려 평양성

북한의 국보유적 1호 평양성

북한에서는 200개가 넘는 역사유적을 국보로 지정해 관리하고 있는데 국보 제1호가 고구려 평양성이다.

만일 북한의 평양에 검증된 고조선 유적이 있었다면 그것이 국보 1호가 되었을 것이다. 북한에서 고구려 평양성을 국보 1호로 지정한 것은 북한의 평양이 고조선의 평양이 아님을 반증하는 하나의 근거가 된다.

중국 하북성 탁록에는 4천

800년 전 치우와 황제의 전쟁터가 남아 있고 한족들은 여기에 치우, 황제, 염제를 모신 삼조당三祖堂을 세웠다.

내몽골 적봉시에는 5천500년 전의 홍산문화 유적이 있고 산서성 양분현襄汾縣에는 단군과 동시대에 건국했던 제요帝堯의 도사陶寺유적이 보존되어 있다.

북한의 평양이 단군이 고조선을 건국하고 도읍을 정한 지역이라면 이를 문헌적 고고학적으로 뒷받침할 수 있는 확실한 근거가 있어야 한다.

누가 북한의 평양을 최초로 고조선의 평양이라고 말했는가

김부식의 『삼국사기』는 고구려본기 제5 동천왕 21년(247) 조항에서 고구려가 전란으로 말미암아 환도성에서 평양성으로 천도한 사실을 언급하면서 "평양은 본래 선인 왕검이 거주하던 곳이다(平壤者 本仙人王儉之宅也)"라고 했다.

아마도 이것이 한국문헌 상 평양이 단군왕검의 도읍지임을 천명한 최초의 자료가 될 것이다. 그러나 여기서 김부식은 평양이 단군왕검이 거주했던 곳이라는 사실만을 언급하고 그 구체적인 위치는 밝히지 않았다. 즉 단군왕검의 평양이 대륙에 있었는지 한반도에 있었는지 명확하게 설명하지 않았다.

그런데 일연의 『삼국유사』 고조선조에서는 『고기古記』를 인용하여, 환웅의 아들 단군왕검이 "평양성에 도읍하고 비로소 조선이라 칭했다(都平壤城 始稱朝鮮)"라고 말한 다음 평양성 밑에 "지금의 서경이다(今西京)"라는 본래 『고기』에 없는 말을 주석으로 첨가하였다.

단군조선의 평양이 일연이 살았던 고려 때는 지명이 서경으로 변경되었다고 보아 "지금은 서경이다"라고 친절하게 주석을 덧붙인 것이다. 모르긴 하지만 이것이 고조선의 평양을 북한의 평양으로 간주한 최초의 기록이 될 것이다.

그러나 우리는 『삼국유사』 고조선조에 나오는 『고기』에 대한 주석들을 주의 깊게 살펴볼 필요가 있다. 환인을 불교의 제석천으로 해석하고 환웅이 내려왔다는 태백산을 북한의 묘향산으로 간주하고 하북성 발해만에 있던 백이 숙제의 나라 고죽국을 북한의 해주로 표기 한데서 보듯이 역사 사실과는 너무나 동떨어진 이야기들을 하고 있다.

그래서 『삼국유사』의 주석은 일연의 직접 저술이 아니라 그 제자들에 의해 추가된 것으로 보거나 심지어는 명나라의 속국이나 다름없던 한양조선에서 삼국유사를 간행할 때 중국의 눈치를 보느라고 대륙 관련 내용을 스스로 위조했을 가능성까지도 제기된다.

따라서 고조선의 평양을 고려시대의 서경이라고 최초로 언급한 『삼국유사』의 주석 또한 그것이 과연 어떤 근거를 가지고 말한 것인지 의문이다.

현재 한국학계에서는 동천왕 시대의 평양성 위치에 대해 현 북한 평양설, 북한 자강도 강계설, 현 중국 길림성의 집안시 동대자東

臺子 유적설, 환인지역설, 국내성설 등 다양한 견해가 제출되어 있으며 통일된 견해가 없다. 여러 견해 중에 다수의 지지를 받는 설은 북한 평양설이 아니라 집안시 국내성설이다.

『조선왕조실록』으로 본 북한의 단군릉

북한의 평양을 단군조선의 평양이 아니라 고구려의 평양이라 할 경우 제기되는 의문은, 평양에 있는 단군릉을 과연 어떻게 설명할 것인가 하는 문제이다. 그 점에 대해서는 『조선왕조실록』의 기록에 의해서 분명하게 설명할 수 있다.

『조선왕조실록』에서 단군의 무덤에 관한 기록은 『숙종대왕실록』 권31, 23년 7월 조항에 "이인엽이 강동의 단군 묘소와 평양의 동명왕 묘소를 매년 손보고 관리할 것을 요청하였다"라는 내용이 나오는데 이것이 단군 묘소에 관한 최초의 기록이다.

숙종시대 이전의 기록에는 단군의 사당을 세워 제사지냈다는 말은 보이지만 단군의 무덤이 있었다는 기록은 찾아볼 수 없다. 여기서 우리는 숙종대왕 이전까지는 평양에 단군 사당이 있었으며 단군의 묘소는 존재하지 않았음을 알 수 있다.

『세종실록』에 의하면 고려 때는 구월산에 삼성사三聖祠를 세워 환인, 환웅, 단군을 제사 지냈고 한양조선에서는 세종 11년 평양에 최초로 단군 사당을 건립하였다.

북한의 평양에는 본래 단군의 묘소가 아니라 사당이 있었는데 숙종시대에 이르러 어떻게 갑자기 단군 묘소가 등장하게 되었는가.

평양의 강동군에 있는 단군 묘소가 등장하게 된 배경을 다음의 『정조대왕실록』권22, 10년 8월 9일 조항을 살펴보면 그 대략을 짐작할 수 있다.

"승지 서형수가 아뢰기를, 신이 강동에서 벼슬할 때 보았는데 고을 서쪽에 큰 무덤이 있었습니다. '옛 노인들이 서로 전하여 단군의 묘소라 말하였으며 유형원의 『여지지興地志』에도 기록되어 있습니다. 그것의 허실과 진위는 물론하고 어떻게 그대로 황폐화되도록 맡겨두어 사람들이 가서 땔나무를 하고 소와 양을 방목하도록 할 수가 있겠습니까(故老相傳 指爲檀君墓 登於柳馨遠興地志 則毋論其虛實眞僞 豈容任其荒蕪 令人樵牧乎)"

여기서 제시된 단군 묘소의 근거는 두 가지다. 하나는 옛 노인들의 말에 전설로 내려온다는 것이고 다른 하나는 유형원의 『여지지』에 수록되어 있다는 것이다.

그러나 두 가지가 다 결정적인 근거는 되지 못한다. 전설은 전설일 뿐 그것이 역사 사실은 될 수 없다. 유형원은 조선 후기의 인물로서 그의 저서가 단군 묘소를 실증하는 결정적인 자료로 인정되기에는 한계가 있다.

따라서 단군 묘소의 보존을 조정에 건의한 서형수 또한 그것이

새로 건축한 북한의 단군릉

단군 묘소라는 역사적 확증을 가지고 한 말이 아니라 허실과 진위를 떠나서 그 묘소가 단군의 무덤이라고 민간에서 전해오는 만큼 황폐화되도록 내버려둘 수 없다는 후손으로서의 도덕적 도리를 강조한 것이다.

그리고 『고종실록』 권40, 광무 4년 1월 조에는 의관議官 백호섭白虎燮의 상소문 가운데, 강동에 있는 단군묘를 단군릉으로 격상시켜 모셔야 한다고 건의하며 말한 다음과 같은 내용이 보인다.

"지금 그 옷과 신발을 모신 무덤이 강동읍 소재지에서 서쪽으로 5리 밖의 태백산 아래에 있습니다. 이는 이미 고을의 『읍지』와 『관서문헌록』에 명백히 실려 있습니다.(今其衣履之藏 在江東邑治西 五里 太白山下 此旣昭載於該邑志與關西文獻錄)"

우리 민족을
하나로 묶어줄 단군

백호섭은 강동에 있는 단군 무덤이 단군의 시신을 모신 무덤이 아니라 옷과 신발을 모신 무덤이라는 사실을 말하고 있다. 현대사회에서도 전쟁터에 나가서 전사하여 시신을 찾을 수 없을 때 사자의 옷이나 유물을 대신 묻기도 하는데 이를 의리지장衣履之藏이라 한다.

『조선왕조실록』의 기록을 통해서 검토해본다면 북한 평양의 강동읍에 있던 단군 무덤은 실제 고조선을 건국한 제1대 단군의 유해를 모신 무덤이 아니라 후기에 단군을 추모하던 단군의 자손들이 단군을 추모하여 조성한 무덤임을 알 수 있다.

자손이 조상의 사당을 세워 추모하는 일은 시대와 지역을 초월해서 가능하다. 고려조와 한양조선에서 단군 사당을 세워 제사를 받들었던 것은 기록으로 증명된다.

그러다가 한양조선 후기 숙종 때에 이르러 단군의 묘소가 등장하게 된 것은 평양의 강동에서 거대한 무덤을 발견하자 사람들은 이를 단군의 무덤이라 인식하게 되었다.

세월이 흐르면서 단군의 시신을 모신 무덤이 아닌 옷과 신발을 모신 무덤으로 민간에서 입에서 입으로 전해졌고 이 단군 무덤이 구한말 고종 때 단군릉으로 격상된 것이다.

『조선왕조실록』으로 본 평양의 단군릉은 고조선을 건국한 국조의 능은 아니다. 그러나 우리 민족의 상징은 단군이다. 단군의 자손이 고구려, 백제, 신라로 갈라져 삼국시대가 열렸다. 지금도 우리는 나라가 통일되지 못한 채 휴전선이 가로막혀 있다.

우리 민족의 시대적 과제는 통일인데 남북으로 분단된 우리 민족을 하나로 묶어줄 상징적 인물은 단군이고 단군의 깃발 아래 민족이 다시 하나가 되어야 한다. 그런 점에서 역사성을 떠나 단군릉을 대대적으로 건축하여 민족의 구심점으로 삼고자 하는 북한의 정신은 높이 평가되어야 한다고 본다.

18

발해만의 하북성 노룡현 일대가
고조선 수도 '평양'

『세종실록』에 한사군은
유주幽州에 속했다고 말했다

『세종실록』 지리지 평양부 조항에서 다음과 같이 말하고 있다.

"평양은 본래 삼조선의 옛 도읍이다. 당요唐堯 무진년에 신인神人이 밝달나무 아래에 내려오자 나라 사람들이 그를 세워 임금으로 삼아 평양에 도읍하고 이름을 단군이라 하였으니 이것이 전조선前朝鮮이다. 주周나라 무왕이 상나라를 이기고 기자箕子를 이 땅에 봉하였으니 이것이 후조선後朝鮮이다.

기자의 41대손 기준箕準의 시대에 이르러 연燕나라 위만衛滿이 망명하여 무리 천여 명을 모아 기준의 땅을 빼앗아 왕험성王險城(원주 : 곧 평양부이다)에 도읍하였으니 이것이 위만조선이다.

위만의 손자 우거右渠가 한나라의 조명詔命을 잘 받들지 않자 한 무제가 원봉 2년에 장수를 보내 공격하여 진번, 임둔, 낙랑, 현도 4군으로 정해서 유주幽州에 예속시켰다.(漢武帝元封二年 遣將討之 定為眞蕃臨屯樂浪玄菟四郡 隷于幽州)"

『세종실록』 지리지는 평양을 삼조선의 옛 도읍지로 규정한 다음 서한의 무제가 이를 공격하여 한사군을 설치하고 유주幽州에 예속시켰다고 말했다.

『전한서前漢書』 지리지에서도 진시황 때 설치한 요서군, 요동군과 한무제 때 설치한 현도군, 낙랑군이 모두 유주에 속했다고 하였다. 『전한서』에 진번군과 임둔군은 보이지 않는데 이는 뒤에 낙랑군, 현도군에 통폐합되었기 때문이다.

『세종실록』에서 평양은 본래 단군, 기자, 위만 삼조선의 옛 도읍지인데 한무제가 평양성을 공격하여 한사군을 설치하고 유주에 소속시켰다고 했고 『전한서』에서도 또한 요서군, 요동군, 현도군, 낙랑군은 모두 유주에 속한 지역이라고 말하였다. 그러므로 유주가 어딘지 그것만 확인된다면 고조선의 위치는 저절로 밝혀지게 되는 것이다.

고대의 유주는
오늘날의 북경 지역이다

유주는 중국 고대의 행정구역 명칭이다. 시대에 따라서 관할 범위는 다소 변동이 있었지만 유주의 핵심구역은 언제나 지금의 북경시 서남쪽 광안문廣安門 일대를 벗어나지 않았다.

모택동의 대형 사진이 걸려 있는 천안문 광장에서 그리 멀지 않은 지역으로서 요나라의 남경성南京城과 금나라의 도성인 중도성中

당나라 때의 유주 지도

都城이 이곳에 있었다.

　유주를 최초로 설치한 분은 순임금이다. 『무경총요武經總要』에 "순이 유주를 설치했다.(舜置幽州)"라고 하였다.

　서한시대에는 한무제가 원봉 5년(서기전 106) 전국을 기주冀州, 연주兗州, 청주靑州, 서주徐州, 양주揚州, 형주荊州, 예주豫州, 양주涼州, 익주益州, 유주幽州, 병주幷州, 삭방朔方, 교지交趾 13주로 나누고 여기에 중앙에서 자사刺史를 파견했다.

드넓은 중국에서 유주가 설치된 지역은 어디인가. 『주례』에 "동북방을 유주라 한다(東北曰幽州)"라고 하였다.

『이아석지爾雅釋地』에서는 유주의 위치를 좀 더 구체적으로 다음과 같이 설명한다. "연燕나라를 유주라 한다. 곽박의 주석에는 역수易水에서 북적까지라고 하였다.(燕曰幽州 郭璞注 自易水至北狄)"

전국시대 7국 중의 하나인 연燕나라가 있던 지역이 유주인데 곽박의 주석에 따르면 하북성 남쪽의 역수易水로부터 북방의 북적이 있는 지역까지가 유주라는 것이다.

역수는 하북성 서남쪽에 있는 강 이름으로 역현易縣에서 발원하여 남쪽으로 흘러 거마하拒馬河에 유입된다. 형가荊軻가 진시황을 암살하기 위해 떠날 때 연나라 태자 단丹이 이곳에서 전별하였다. 북적은 만리장성 밖의 흉노족을 지칭한 것이다.

그러면 연나라 땅은 왜 하북성 남쪽의 역수로부터 하북성 북쪽의 북적까지였는가. 하북성 동쪽에는 조선과 요동이 있었기 때문이다. 그것은 『전국책戰國策』 연책燕策과 『사기史記』 소진열전蘇秦列傳의 "연나라 동쪽에 조선, 요동이 있다(燕東有朝鮮遼東)"라는 기록이 잘 설명해준다.

그런데 동북공정은 이런 기록들을 다 무시한 채 진시황의 만리장성을 고무줄 늘이듯이 늘여서 북한지역까지 끌어다 놓는가 하면 발해만의 북경에 있던 유주를 한반도의 대동강 유역까지 확대시키기도 한다.

춘추시대의 오나라와 월나라는 강대국이었다. 그러나 오나라는 오늘날의 강소성, 월나라는 오늘날의 절강성에 있었다. 유주의 핵심구역은 언제나 지금 북경시 서남쪽 광안문 일대에서 벗어나지 않았는데, 유주가 만일 지금의 하북성, 요녕성, 길림성은 물론 북한의 평양까지 모두 포괄했다고 한다면 그것은 지방의 한 행정구역인 유주의 관할지역이 오나라 월나라를 합친 것보다도 몇 배나 더 컸다는 이야기가 된다. 이것이 과연 합당한 논리인가.

이런 터무니없는 주장을 하며 억지 이론을 늘어놓는 것이 동북공정인데 거기에 꿀 먹은 벙어리처럼 입 닫고 있는 것이 한심한 한국의 반도사학이다.

발해만의 하북성 노룡현 일대가 고조선의 평양이다

유주는 고대에 지금 하북성의 북경 일대를 가리키던 지명이다. 『세종실록』의 기록대로 삼조선의 수도 평양이 유주에 있었고 『전한서』에서 말한 것처럼 낙랑군, 현도군이 유주에 속했다면 고조선의 수도 평양은 북한의 평양이 아닌 하북성의 발해유역에 있었다는 것은 긴 설명이 필요치 않다.

그러면 단군이 건국한 고조선의 도읍지 평양은 과연 발해유역의 어디쯤 있었는가. 전 중국에서 가장 살기 좋은 천혜의 땅인 발해만 유역, 즉 북경 동쪽 하북성 진황도시 북대하, 노룡현 일대가 고조선의 평양이었다고 본다.

지금의 하북성 노룡현이 고조선의 평양인 이유는 다음 세 가지

옛 조선성이 있던 하북성 노룡현 지역에 명,청시대에 건립한 영평부 유적

로 설명할 수 있다.

첫째는 문헌적으로 이곳은 고조선의 건국을 뒷받침하는 여러 기록이 존재한다. 예컨대 『무경총요』에 나오는 북경 북쪽의 조선하, 『태평환우기』에 보이는 노룡현의 조선성, 『두로공신도비문』에 나오는 "고조선이 고죽국 지역에서 건국하였다(朝鮮建國 孤竹爲君)"라는 내용 등이 그것이다.

둘째는 하북성 노룡현 일대는 명칭적으로 역사상에서 평양의 평平 자를 계속해서 사용해 왔다. 고조선시대의 평양平壤, 춘추전국, 진, 한시대의 우북평右北平, 삼국시대의 평주平州, 수나라 때의 북평北平, 당나라, 요나라, 금나라시대의 평주平州, 원나라 때의 영평로永平路, 명, 청시대의 영평부永平府 등이 그것이다.

셋째는 북대하 부근의 노룡현은 지형적으로 평평한 들판으로 이루어진 평야지대이다. 이곳을 한 번쯤 방문해본 사람이라면 끝없이 펼쳐진 드넓은 들판이 과연 여기가 평양임을 실감케 된다. 현재는 중국의 유명한 포도 산지로서 각광을 받고 있다.

노룡현은 평야지대로 되어 있지만 노룡현을 둘러싼 주변 지형을 살펴보면 남쪽에는 발해, 북쪽에는 연산, 서남쪽에는 갈석산과 요수가 있어 천연의 방어선을 구축하고 있고 노룡현 가까이에는 노룡새, 조선하, 밝달강, 밝달산 등이 있어 보호막을 형성하고 있다.

노룡현이 삼조선의 수도 평양으로서 무려 2,000년 동안 존속할 수 있었던 것은 바로 이와 같은 그 지역이 지닌 천연의 요새로서의 지형적 특성과도 무관하지 않다고 여겨진다.

불행히도 조선하, 조선성이 있던 노룡현 일대가 지금은 중국 영토로 되어 있어, 문헌적으로는 이곳이 고조선의 평양임을 입증할 수 있지만, 고고학적으로 이를 증명할 유물유적을 발굴할 수 없는 현실이 안타깝다.

문헌 기록에 근거해 하북성 노룡현을 단군조선의 평양으로 보는 것은, 필자가 최초로 제시하는 주장이다. 한국의 반도사학은 고고학적 증거 불충분을 이유로 반대할 것이 뻔하다. 그러나 언젠가는 문헌 기록을 뒷받침할 지하의 유물들이 얼굴을 드러낼 날이 있을 것으로 확신한다.

19

"조선 재상 북경 어양현 사람", 사마천 『사기』 발해조선 입증

고조선의 재상
노인(路人)

농민 출신 한고조 유방劉邦이 진秦나라를 멸망시키고 한漢나라를 건국, 한족이 만리장성 안쪽의 중원을 지배하는 새로운 세력으

북경시 조양구에 있는 어양호텔

로 등장했으나 당시 만리장성 안팎을 지배하던 강성한 흉노족에 비하면 그 존재가 사실 보잘 것 없는 것이었다.

예컨대 한고조 유방은 백등산白登山에서 흉노족의 천자 모돈冒頓에게 7일 동안 포위되었다가 그 부인 알씨閼氏에게 후한 뇌물을 주고 구사일생으로 겨우 풀려난 뒤 흉노에 대해 화친정책으로 일관했는데 이는 당시 한족이 처했던 약세를 잘 설명해 준다고 하겠다.

한나라는 매년 흉노에게 비단과 양식, 미녀 등을 상납하며 근근이 정권을 유지하다가 서한의 7대 황제인 한무제 유철(서기전156~서기전87)에 이르러 흉노에 대해 수세적인 자세에서 공세로 전환하였다.

이때 북방의 흉노를 공격하여 사막의 북쪽으로 몰아냈고 남쪽으로 민월閩越, 남월을 공격하여 강역을 확대했으며 동북쪽으로 고조선 서쪽을 침략하여 군현을 설치했다.

동이족이 주역으로 지배하던 중국 역사상에서 한족이 중국을 지배하는 새로운 주도 세력으로 자리매김하게 된 것은 바로 한무제에 의해서였다.

한족이 전성기를 구가하던 한무제 시대에 태어난 사마천은 동이족을 제치고 중국의 새로운 중심세력으로 등장한 한족의 역사를 자랑스럽게 정립할 필요를 느꼈다.

그래서 한족을 중국 역사의 정통으로 세우고 황하중류를 기반으로 발전한 황제헌원을 시조로 삼아 한나라 이전의 3,000년 중국 역사를 정리한 것이 사마천의 『사기』이다.

『사기』는 화하족의 시조 황제로 첫 장을 열었고 동이족의 시조인 복희는 제외시켰다. 동이족의 영웅 치우천왕은 배신자, 패자로 묘사하고 화하족의 황제헌원은 위대한 영웅으로 그렸다.

하夏나라와 은殷나라는 계승 관계에 있지 않았다. 민족도 다르고 문화도 달랐다. 『사기』에서 동이족의 은나라가 화하족의 하나라를 계승한 것으로 기술한 것도 올바른 시각은 아니다.

따라서 사마천의 『사기』는 동이족과 한족의 역사를 공정한 시각에서 다룬 것이 아니라 한족의 입장에서 쓴 한족의 역사서인 셈이다.

사마천은 『사기』에 조선열전을 수록했다. 사마천이 조선열전을 쓴 목적은 고조선의 역사를 후세에 전하기 위한 것이 아니라 한무제가 고조선을 정벌하여 한사군을 설치했다는 사실을 세상에 알리기 위한 것이었다.

조선열전을 저술한 목적이 한무제의 고조선 정벌과 한사군 설치를 말하려는데 있었으므로 한무제에 대한 과장과 고조선에 대한 왜곡이 존재할 것은 당연한 일이다.

그러나 우리의 선조들이 직접 쓴 『고조선비사』와 같은 책이 이름만 전할 뿐 실재하지 않는 현재 상황에서 2천년 전 사마천이 쓴 『사기』 조선열전은 고조선사 연구에서 더없이 귀중한 자료임은 두말할 나위 없다.

『사기』 조선열전에서 한나라의 군대가 고조선의 왕험성을 급하게 공격하자 "조선의 재상 노인이 도망쳐 한나라에 항복했다(朝鮮相路人 亡降漢)"라고 말했다. 『사기색은』에 왕소王劭의 주석을 인용하여 "노인은 어양현 사람이다(路人 漁陽縣人)"라고 하였다.

　　고조선의 재상 노인이 어양현 출신이었다는 이 기록은 고조선 평양설, 대동강 낙랑설의 오류를 잠재울 수 있는 매우 획기적인 자료이다. 그러나 우리는 그동안 반도사학과 민족사학을 물론하고 고조선 연구에서 이 대목을 주목하지 않고 간과하였다.

노인은 옛 유주幽州 어양군漁陽郡, 지금 중국 북경시 출신

　　고조선 재상 노인의 출생지역 어양현은 어디인가. 지금의 중국 북경에 있던 고대 지명이다. 『사기』 흉노열전에 연燕나라가 동호東胡를 공격하여 천리 땅을 빼앗아 거기에 상곡군, 어양군, 우북평

어양군의 유적. 현재 북경시 회유구와 밀운현의 경계지역에 있다

군, 요서군, 요동군 5군을 설치하여 동호를 방어했다는 기록이 나온다.

『전국책』에 "연나라 동쪽에 조선이 있다"고 하였다. 『전한서』 현도군 조항에는 왕소의 주석에 조선호국朝鮮胡國, 구려호句驪胡라는 표현이 등장한다. 고조선과 고구려를 호족으로 지칭한 것을 본다면 전국시대의 동호, 즉 동쪽에 있던 호족은 고조선에 대한 다른 호칭임을 알 수 있다.

『수경주』에 진시황 22년에 어양군을 설치했다는 기록이 있는 것으로 보아, 전국시대에 설치한 어양군은 진시황시대에도 그대로 존속된 것을 알 수 있다.

『사기색은』에서는 왜 노인을 가리켜 어양군 사람이라 하지 않고 "어양현 사람이다(漁陽縣人)"라고 말했는가.

군에 현을 설치하는 제도는 진시황이 천하를 통일한 뒤에 봉건제를 폐지하고 군현제를 시행하면서부터 시작되었다. 『전한서』에 의하면 어양군은 유주幽州에 속했는데 어양현, 요양현要陽縣, 백단현白檀縣 등 12개현을 관할했다.

『청일통지淸一統志』에 "어양현의 옛 성이 순천부順天府 밀운현密雲縣 서남쪽 30리에 있다"라고 하였다. 지금의 북경시 밀운현 서남쪽이다.

지리적으로 옛 어양현은 지금 밀운현과 이웃한 고을인데 밀운현은 바로 북경 북쪽의 조선하, 밝달산(白檀山)이 있던 곳이다.

따라서 『사기색은』에서 말한 "고조선의 재상 노인이 어양현 사람이다"라는 내용은 우리에게 두 가지 새로운 역사 사실을 알려준다.

　첫째 고조선이 대동강 유역에 있었다면 당시는 지금과 같이 교통이 발달했던 시기도 아닌데다가 거리적으로 수천리나 떨어져 있는 북경 지역의 어양현 사람이 고조선에 와서 재상으로 재직한다는 것은 불가능한 일이다.

　당시 고조선은 발해유역의 북경 지역 밀운현 조선하 부근의 노룡현에 수도가 있었다. 그래서 밀운현과 이웃한 어양군 출신 조선 사람 노인이 조선의 재상으로 발탁될 수 있었다.

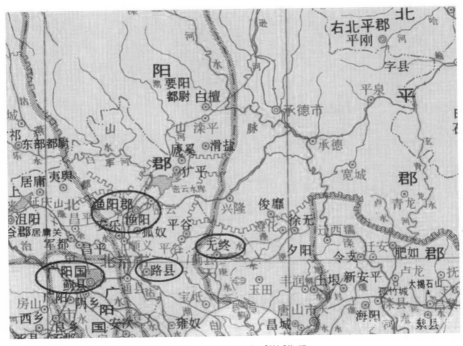

지금의 북경시에 있던 어양군의 고대 지도. 어양군 아래쪽에 노현이 있는데,
혹시 고조선 재상 노인과 관련이 있는 지명이 아닐까 추정되기도 한다

둘째 오늘날처럼 개방된 사회에서도 외국인을 데려다가 한 나라의 국정을 책임지는 재상으로 임명한다는 것은 거의 전례를 찾아보기 어렵다. 폐쇄적인 고대 봉건사회에서 과연 그런 일이 가능했겠는가.

고조선이 연나라 전성기에 서쪽의 5군 땅을 연나라에 빼앗겼으나 진나라 말엽 항우와 유방이 천하를 다투며 중원이 혼란에 빠진 틈을 타서 잃어버렸던 북경 일대의 5군 지역을 다시 되찾았음을 알 수 있다.

즉 한나라 때는 북경 일대의 고조선 고토가 수복되어 어양군이 고조선영토로 편입되어 있었으며 그래서 고조선의 어양현 출신 노인을 재상으로 삼았다는 결론을 얻을 수 있다.

지금까지 한, 중 학계가 상곡군, 어양군, 우북평군, 요서군, 요동군은 전국시대 연나라 땅이 된 이후 진, 한을 거치면서 줄곧 중국 땅이었던 것으로 인식해왔는데 이런 견해는 앞으로 수정되어야 한다.

북경 출신 고조선 재상, 발해조선 입증하는 또 하나의 증거

지금도 북경에 가면 어양호텔(漁陽飯店)이 있어 이곳이 옛 어양군 지역임을 실감케 한다. 북경의 어양군 출신 노인이란 인물이 고조선의 재상을 역임했다는 『사기』의 기록은 고조선사 연구에서 빼

놓을 수 없는 중요한 부분이다. 그러나 이런 중요한 내용이 전혀 알려지지 않다가 이제야 필자에 의해서 최초로 공개되는 이유는 다음 두 가지를 들 수 있다.

첫째 한양조선에서는 문헌의 보급이 지금처럼 원활하지 않았다. 일반인은 물론 학자의 경우도 연구에 필요한 서적을 구비하기 어려웠다.

또한 한양조선에서 선비가 주로 공부한 역사방면의 책은『통감』과『사략』이었다. 왠만한 학자 집안에서도 사마천『사기』를 소유한 경우는 흔치 않았다. 따라서 고조선사 연구에서 매우 중요한 이런 사실이 한양조선 500년 동안 베일에 가려져 있었다.

둘째 현대사회에서는 인쇄술이 크게 발달하고 책이 널리 보급되어 원하는 책을 구입하기 쉽다. 또 왠만한 책은 도서관에 가면 빌려 볼 수도 있다.

그러나 요즘 한글세대들은 고전이 있어도 이를 해독할 능력이 없다. 비록 역사를 전공한 사람이라도 원전을 읽을 수 있는 한문 실력이 뒷받침이 안 된다.『사기』조선열전 원전을 읽고 거기서 조선 재상 노인이 북경의 어양군 출신이었다는 사실을 밝혀낼 실력이 없다.

따라서 한국의 반도사학은 고조선 사료의 빈곤만을 탓하며 광복 80년 동안 일본의 식민사학에 머물러 있고 한 걸음도 앞으로 나아가지 못한 것이 현실이다.

북경의 어양현 출신 노인이 고조선의 재상을 역임했다는『사기』조선열전의 기록은『무경총요』에 나오는 북경 북쪽의 조선하, 『태평환우기』에 나오는 하북성 노룡현의 조선성 기록과 함께 발해조선의 실체를 입증하는 또 하나의 중요한 근거가 된다고 여긴다.

20
—
만리장성 연장 시도는
중국의 영토야욕이 빚어낸 저질 코미디

진시황시대에 출현한
만리장성

중국의 장성長城은 춘추전국시대에 기원을 두고 있다. 성은 외
부의 적을 방어하기 위한 군사시설이 주요 목표인데 하, 은, 주시

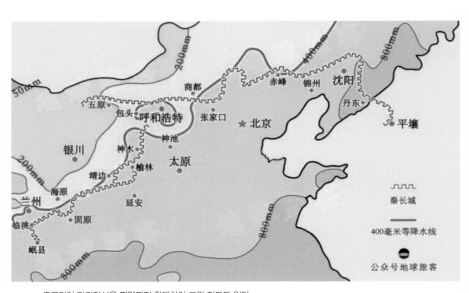

중국인이 만리장성을 평양까지 확대하여 그린 지도도 있다

대에는 중원이 통일되어 있었으므로 장성의 건축에 대한 필요성을 느끼지 않았다.

　그런데 춘추전국시대에 이르러 중원이 분열되면서 각국이 난립하는 상태가 되자 여러 나라들은 각자 자기 나라를 다른 나라의 침략으로부터 방어하기 위해 성과 성, 담장과 담장 사이를 연결하여 긴 성을 축조하기 시작했고 여기서 짧게는 수백리, 길게는 천리에 달하는 천리장성이 출현하게 되었다.

　춘추전국시대에 쌓은 장성 중에서 가장 긴 장성은 진秦나라, 조나라, 연나라 3국의 장성인데 이들 3국의 장성은 모두 북방민족의 남침을 방어하기 위해 쌓았다.

　예컨대 진장성은 진소왕시대에 의거융義渠戎을 방어할 목적으로

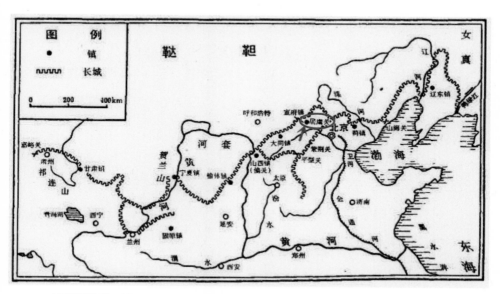

북경 북쪽에 있는 거용관. 만리장성을 산해관을 지나 압록강까지 연결해 놓았다

진시황 때 쌓은 만리장성 유적. 북경 부근의 명나라 때 쌓은 명장성과는 확연히 구분된다

건축했고 조나라와 연나라의 장성은 흉노족과 동호를 방어하기 위
한 것이었다. 그러나 이들 장성은 그 길이가 천리 내외가 되었다.
그래서 춘추전국시대까지는 천리장성은 있었지만 만리장성이란 것
은 용어 자체가 존재하지 않았다.

그런데 진시황이 천하를 통일한 이후 동북방의 호족을 방어하
기 위해 장수 몽염蒙恬을 보내 기존의 진, 조, 연, 중산국의 장성을
연결하여 전장 만리에 달하는 세계역사상 가장 긴 장성을 쌓았고
여기서 만리장성이란 용어가 출현하게 된 것이다.

만리장성과 명장성明長城을
혼동해서는 안된다

만리장성은 진시황이 임조臨洮에서 요동遼東까지 쌓은 장성을 말하고 명장성은 명태조 주원장시대에 산해관에서 북경까지 쌓은 장성을 가리킨다. 그러므로 만리장성과 명장성은 엄연히 구분되어야 하며 이를 혼동해서는 결코 안 된다. 그런데 근대 중국이 이를 혼동한 데서 파생되는 한국의 역사주권에 대한 침해가 매우 심각하다.

예컨대 중국 지도상에서 만리장성을 산해관까지 그려놓은 것을 볼 수가 있는데 이는 만리장성과 명장성을 혼동한 데서 온 결과이다. 그에 따라서 북경 동북쪽의 고조선, 고구려 영토가 마치 진시황시대로부터 중국의 영토인 것 같은 착각을 일으키게 되는데 이는 명백한 역사주권의 침범이자 역사영토의 찬탈인 것이다.

심지어 중국 동북공정의 논리에 따라 만리장성을 고무줄처럼 늘려서 북한의 청천강까지 끌어다 놓은 경우도 볼 수가 있는데 이는 영토야욕이 빚어낸 저질 코미디라고 할 것이다.

산해관에서 북경까지는
명나라 때 쌓은 명장성이다

진시황은 천하를 통일했으나 불과 15년 만에 한나라에 의해서 멸망했다. 한나라 초기 북방의 강대한 흉노와 마주하고 있었는데 진나라에서 동북방의 호족을 방어하기 위해 쌓은 만리장성이 건재하고 있었으므로 성을 새로 축조해야할 필요성을 느끼지 않았다.

그래서 한나라시대에는 기존의 만리장성 일부 구간을 수축한 경우는 있지만 대대적으로 성을 새로 건축하는 공사를 벌인 적은 없다.

위진魏晉시대에는 북방의 흉노세력이 만리장성 안쪽의 중원으로 내려와 관리 노릇을 한 경우가 많았고 군정의 대권 또한 저들의 손아귀에 들어가 있었으므로 장성을 새로 쌓을 필요가 없었다.

당나라시대에는 초기에 돌궐세력이 위협적인 존재로 작용했으나 전략이 뛰어났던 당태종이 저들의 내란을 틈타 멸망시켰다. 방어의 대상이 사라져 장성을 쌓을 필요가 없었으므로 당나라 때에도 장성을 쌓지 않았다.

당나라 이후 중원을 지배한 요, 금, 원, 청은 그들 자신이 흉노, 돌궐의 후예이고 이들의 발상지가 북방, 동북방이므로 고향을 향해 성벽을 쌓아 가로막을 이유가 없었다.

송나라 때는 수도가 지금의 하남성 개봉시에 있었는데 북방은 거란족의 요나라가 차지하여, 한족의 통치범위가 중국의 남방 장강 유역에 국한되었으므로 만리장성의 동북방을 확대할 여력도 필요도 없었다.

다만 "오랑캐를 몰아내고 중화를 되찾자(驅逐胡虜 恢復中華)"는 기치를 내걸어 몽골족 원나라를 멸망시키고 중국의 새로운 주인으로 등장한 주원장이 세운 명나라는 초기에 지금의 남경시에 수도를 정했다가 나중에 북경으로 옮겼다.

수도가 서쪽의 장안 낙양에 있던 한, 당과 달리 명나라는 바로 코앞에서 동북방의 동이족과 마주했다. 그러자 몽골초원으로 쫓겨간 북원 세력을 위시한 흉노족과 돌궐족의 후예들이 문제로 대두되었다.

또한 명나라는 원나라를 계승하여 집권하였으므로 한, 당시대와 달리 산해관에서 북경까지의 동이족 영토가 중국의 동북방 영토에 편입되어 있었다. 이런 시대적 요구를 반영하여 주원장은 장수 서달(徐達)을 시켜 산해관에서 북경에 이르는 지역에 장성을 건축하고 개축하는 작업을 대대적으로 벌였다.

따라서 현재 우리가 북경시 부근에서 접하는 팔달령 장성을 위시한 장성은 진시황의 만리장성이 아니라 명장성이다. 특히 산해관에서 북경까지 쌓은 장성은 진시황의 만리장성과는 전혀 관계가 없는 명나라 때 수축한 명장성인 것이다.

발해조선시대 만리장성의 동쪽 끝은 북경시 서쪽이다

진시황이 만리장성을 쌓았다는 기록은 『사기』 진시황본기, 몽염열전, 육국표 등에 보인다. 이때 진시황이 쌓은 만리장성의 기점과 종착지는 『사기』 몽염열전에 다음과 같이 기록하고 있다.

"임조에서 시작하여 요동까지 도달했는데 장장 만여리에 걸쳐서 펼쳐졌다.(起臨洮 至遼東 延袤萬餘里)"

여기서 말하는 만리장성의 서쪽 기점 임조臨洮는 지금의 감숙성 성도인 난주시蘭州市 남쪽 조하洮河 유역의 임조라는 사실에 대해서 이의를 제기하는 사람은 없다.

다만 만리장성의 동쪽 끝인 요동의 위치에 관하여 여러 가지 이설이 있는데 필자는 지금의 하북성 동북쪽을 가리킨다고 본다.

그 이유는 첫째 진 승상 여불위呂不韋가 편찬한 『여씨춘추』와 유방의 손자 유안劉安이 쓴 『회남자』에 천하의 요새 아홉 군데를 열거했는데 대분大汾, 명액冥厄, 형완荊阮, 방성方城, 효효崤, 정井, 영자令疵, 구주句注, 거용居庸이다.

이것이 소위 말하는 진, 한시대 천하의 구새(天下九塞)인데 여기에 산해관은 포함되어 있지 않다. 북경시 서북쪽 창평구에 위치한 거용관이 동쪽의 마지막 관문으로 등장한다는 것은 발해조선시대에 산해관은 존재하지 않았고 만리장성의 동쪽 끝은 북경의 거용관이었다는 유력한 증거이다.

둘째 지금 북경시 서쪽이 발해조선시대 만리장성의 동쪽 끝이었다고 볼수 있는 또 하나의 결정적인 근거를 사마천 『사기』에서 찾을 수 있다.

『사기』 진섭세가陳涉世家에 "진 2세 원년 7월에 조정에서 시골의 빈민들을 징발하여 어양漁陽에 가서 국경 수비를 담당하도록 하였다(秦二世元年七月 發閭左 適戍漁陽)"라고 하였다.

진나라 때의 어양군은 지금의 북경시 밀운현 서남쪽이다. 거용관이 있는 창평구와 지근 거리에 있었다. 이때 만일 만리장성이 산해관까지 연결되어 있었다면 왜 진나라가 국경 방비를 위한 군대를 북경시 동북쪽의 어양군으로 보냈겠는가.

진시황의 만리장성은 북경시 서북쪽에서 멈추었고 지금의 북경시 밀운현 일대에 있던 어양군을 경계로 그 서쪽은 진나라 땅이고 동쪽은 발해조선의 강역이었으므로 국경 수비대를 어양군에 파견했던 것이다.

동북공정을 대응하기는커녕 뒷받침하는 한심한 동북아역사재단

한국의 역사주권을 침탈하려는 중국의 동북공정에 대응하기 위해 국가에서 설립한 기관이 동북아역사재단이다.

그러나 동북아역사재단은 중국의 동북공정을 대응하기는커녕 오히려 이를 뒷받침하고 있다. 2013년 미 상원외교위에 보낸 동북아역사재단의 동북공정대응자료가 동북공정이 주장하는 내용과 유사하여 파문을 일으킨 것이 그 좋은 예이다.

8년 동안 45억여 원의 국민 세금이 투입된 동북아역사지도 편찬 사업은 독도를 누락할 뿐 아니라 동북공정 논리를 그대로 추종해 국민적 공분을 사고 폐기되었다.

설립취지와 달리 식민 반도사학의 온상이 되어 150억에 달하

는 막대한 국민의 혈세만 낭비한 채 역사주권을 되찾는 역할을
제대로 못하는 동북아역사재단은 환골탈태하여 거듭나지 않으면
안 된다.

21
—

위환魏煥의『황명구변고皇明九邊考』선비족,
고죽국 등을 발해조선 민족으로 간주했다

| 한국사를 바꾼 유득공柳得恭의
『발해고渤海考』

『발해고』는 유득공(1748~1807)이 발해의 역사문화에 대한 자료를 모아 1784년(정조8)에 편간한 것으로 현존하는 한국의 발해 역사

유득공과 그의 저서『발해고』

서 중 최초의 책이다

『발해고』는 초간본과 수정본이 있다. 저자는 1784년 1차로 초고본 『발해고』를 편간했는데 뒤에 누락된 자료를 보완하고 고증에 오류가 있는 부분을 수정하여 1793년 무렵 수정본 『발해고』를 완성하였다.

신라의 최치원은 당나라 태사 시중(太師侍中)에게 올린 글에서 "고구려의 잔존 세력들이 동족을 끌어모아 북쪽의 태백산 아래를 근거지로 하여 나라 이름을 발해라 하였다(高句麗殘孽類聚 北依太白山下 國號渤海)"라고 말했는데 김부식은 『삼국사기』에서 최치원열전을 쓰면서 이를 인용하였다.

이는 발해가 고구려 유민이 세운 나라라는 것을 김부식 또한 인지하고 있었다는 근거가 된다. 그러나 김부식은 발해사를 한국사의 영역에 포함시키지 않았다.

김부식이 역사가로서 발해가 고구려의 잔존 세력들이 세운 나라인 것을 알면서도 발해사를 한국사에 포함시키지 않은 것은 커다란 오류이다.

일연은 발해사가 한국사라는 인식을 갖고 『삼국유사』에서 고구려, 백제, 신라와 함께 말갈과 발해를 다루었다.

말갈 발해 조항 주석에서는 그것을 입증하기 위해 "의봉儀鳳 3년(678) 고종高宗 무인戊寅에 고구려의 잔존 세력들이 동족을 끌어모아 북쪽의 태백산을 근거지로 하여 국호를 발해라 하였다"라는 '삼국사'의 기록과 "고구려의 옛 장수인 대조영이 고구려의 남은 병사들을 모아 태백산 남쪽에 나라를 세우고 국호를 발해라 하였다

(高麗舊將祚榮姓大氏 聚殘兵 立國於太伯山南 國號渤海)"라는 '신라고기'에
나오는 내용을 인용하였다.

　일연의 『삼국유사』에 인용된 『삼국사』는 김부식의 『삼국사기』
가 아니라 『구삼국사』로 보여지고 『신라고기』는 지금 전하지 않으
니 아마도 고려 때까지는 전해오다가 유실된 것이 아닌가 여겨진다.

　『삼국사기』, 『동국통감』, 『동사강목』 등에 발해에 대한 단편적
언급이 보이고 허목許穆의 『기언記言』, 이익李瀷의 『성호사설』, 이
종휘李種徽의 『동사東史』 등에서 발해를 독립적 항목으로 다루고
있지만 발해사가 한국사라는 뚜렷한 인식은 부족했다.

　발해사를 한국사의 범주에 포함시켜 한국역사의 체계 안에서
본격적으로 다룬 것은 유득공의 『발해고』이다. 발해사를 한국사로
보아야 한다는 저자의 이론적 근거는 『발해고』의 다음 서문에 잘
나타나 있다.

　"옛날에 고씨가 북쪽에 살면서 고구려라 하였고 부여씨가 서남쪽
　에 살면서 백제라 하였으며 박씨, 석씨, 김씨가 동남쪽에 살면서
　신라라 하였으니 이들이 삼국이다. 마땅히 『삼국사』가 있어야 하
　는데 고려가 이를 편찬하였으니 옳은 일이다.
　부여씨가 망하고 고씨가 망하자 김씨가 그 남쪽을 차지하고 대씨
　大氏가 그 북쪽을 차지하여 발해라 하였으니 이것이 남북국이다.
　마땅히 남북국의 역사책이 있어야 하는데 고려에서 이를 편찬하
　지 않았으니 잘못된 것이다."

　여기서 저자는 발해가 고구려를 계승한 나라임을 밝히고 당시

북방의 발해와 남방의 신라가 병립하였으므로 그 시기는 통일신라기가 아닌 남북국시대라고 주장하며 남북국시대라는 관점을 최초로 제시하였다.

유득공이 『발해고』를 저술하지 않았더라면 압록강 너머 광활한 영토를 지배했던 위대한 발해사가 우리 역사에서 사라질 뻔했다. 따라서 유득공의 『발해고』가 한국사를 바꿨다고 말할 수 있다.

명나라 때 위환魏煥이 쓴
『황명구변고皇明九邊考』

『황명구변고』는 명나라 때 호남성 장사長沙 출신 위환이 당시 중국의 변경 방어를 위한 이론을 체계화하여 쓴 책이다.

위환은 가정嘉靖 8년(1529) 진사시에 합격하여 가흥부추관嘉興府推官, 병부원외랑兵部員外郎, 사천첨사四川僉事 등을 역임했다.

『황명구변고』 앞에 가정嘉靖 20년에 동지장사부사同知長沙府事 채찬蔡纘이 지은 서문이 게재되어 있는데, 가정은 명나라 11대 황제 세종의 연호로서 가정 20년은 서기 1541년이 된다.

한양조선의 이율곡 선생이 1536년에 태어나 1584년에 서거하셨으니 위환은 율곡과 거의 비슷한 시대를 살다간 인물임을 알 수 있다.

위환은 명나라시대의 변경을 요동遼東, 계주薊州, 선부宣府, 대동大同, 삼관三關, 유림榆林, 영하寧夏, 감숙甘肅, 고원固原 9개 지역으로 분류한 다음 각 변경마다 다시 보장고保障考, 책임고責任考, 군마고軍馬考, 전량고錢糧考, 변이고邊夷考, 경략고經略考로 세분하여 다루었다. '구변고'는 모두 10권으로 구성되어 있다.

위환의 『황명구변고』에는 한국사의 혁명을 가져다줄 획기적 내용이 담겨 있다

유득공의 『발해고』는 한국사에서 잃어버릴뻔한 발해사 하나를 되찾는데 기여했다. 그러나 위환의 『황명구변고』 가운데는 한국사 또는 한국민족사 연구에서 지각변동을 일으킬만한 혁명적 내용이 담겨 있다. 그것을 인용하면 아래와 같다.

"동이는 바로 구이의 지역이다. 소위 말하는 견이, 방이, 우이, 황이, 백이, 적이, 현이, 풍이, 양이가 그들이다.
뒤에 조선, 고구려, 여진, 읍루, 신라, 백제, 복여(명나라 때 부여 땅을 복여로 표기함), 동호, 오환, 선비, 발해, 옥저, 삼한, 예맥, 일습, 안정, 낙랑, 현도, 진번, 임둔, 대방, 숙신, 말갈, 물길, 고려, 북맥, 거란, 고죽 등의 국가가 되었다.
역대에 겸병이 일정하지 않았다. 지금 존재하고 있는 것은 오직 동쪽의 조선, 동북쪽의 여진 여러 부락, 서쪽의 올량합 삼위가 있을 뿐이다.
(東夷卽九夷之地 所謂 畎夷 方夷 于夷 黃夷 白夷 赤夷 玄夷 風夷 陽夷是
也 後爲朝鮮 高句麗 女直 挹婁 新羅 百濟 伏餘 東胡 烏桓 鮮卑 渤海 沃沮

三韓 濊貊 日霅 安定 樂浪 玄菟 眞蕃 臨屯 帶方 肅愼 靺鞨 勿吉 高麗 北貊 契丹 孤竹等國 歷代兼併不常 今所存者 惟東有朝鮮 東北有女直諸部落 西有 兀良哈三衛)"

위의 내용은 세 가지로 분석된다. 첫째는 동이족은 아홉 개 민족으로 구성되었다는 것이고 둘째는 9이족은 나중에 28개 민족으로 분파되었다는 것이며 셋째는 28개 민족으로 분파된 동이족은 명나라 때 이르러 조선, 여진, 올량합 3개 민족으로 통합되었다는 것이다.

이 기록에서 특기할 사항은 동이의 9개 민족이 뒤에 다시 28개 민족으로 분파되었다고 말하며 그 민족명칭을 하나하나 열거하고 있는 점이다.

특히 우리의 주목을 끄는 것은 그동안 중국사의 영역에서 다루어 왔던 고죽국, 숙신, 읍루, 여진, 동호, 오환, 선비, 말갈, 물길, 거란 등을 모두 중국민족에 포함시키지 않고 고조선, 고구려, 백제, 신라 등과 동일시하며 이를 한국민족과 동일민족으로 간주하고 있다는 사실이다.

고죽국, 동호, 오환, 선비, 읍루, 물길, 말갈, 여진은 발해조선의 자손이다

한반도를 중심으로 우리 역사를 바라보는 한국의 반도사학은

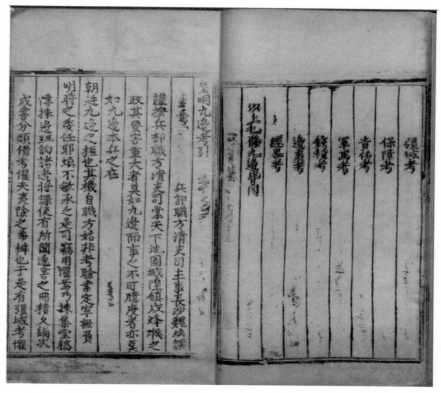

명나라 때 위환이 쓴 『황명구변고』

한국사를 저술할 때 대륙에서 활동한 고죽국, 동호, 오환, 선비, 읍루, 물길, 말갈, 여진은 아예 언급하지도 않거나 간혹 언급할 경우 이를 우리 민족과는 전혀 관계가 없는 이민족으로 취급한다.

일부 민족사학자 중에 숙신, 동호, 선비 등을 우리 민족사에서 언급한 경우가 있지만 구체적인 근거로 뒷받침되지는 못했다. 그리고 동이족을 28개 민족으로 세분하여 일일이 그 명칭을 들어 말한 것은 전례를 찾아보기 어렵다.

유득공의『발해고』는 발해사 하나를 한국사로 포함시키는데 그쳤지만 명나라 위환이 쓴『황명구변고』는 동북방 전체 민족사를 중국사가 아닌 동이사, 한국민족사의 영역에서 다루는 파격을 보이고 있다.

특히 고조선은 단군조선으로 시작되는데 위환의『구변고』는 고조선을 이들 동이족 28개 국가 중의 첫 국가로 등장시켰다. 따라서 동북방에서 고조선을 이어 건국한 여러 나라는 고조선에 뿌리를 둔 단군의 자손들이라고 말할 수 있다.

지금 동북공정은 중국 동북방에서 활동한 역사상의 동이족을 모두 중국민족으로 간주한다. 심지어 한국의 고조선, 부여, 고구려사까지 중국사에 귀속시킨다.

자신이 중국의 한족이면서도 하북성에 있던 고죽국까지 중국민족이 아닌 한국민족과 동일시하는 파격을 선보인 명나라 위환의『황명구변고』는 중국의 동북공정을 혁파하고 발해유역의 고대 한국민족사를 재정립할 수 있는 혁명적 저술이다.

중국 학자가 쓴『중국 고구려사』

앞으로 고죽국, 오환, 선비, 물길, 말갈, 거란, 여진 등을 발해조선을 계승한 밝달민족으로 포함시켜 한국민족사의 영역에서 다루어야 한다. 그래야 남북통일을 넘어서 우리 민족의 대륙을 향한 웅비의 새날이 열린다.

22

『주역』의 '명이明夷'는
발해조선의 또 다른 이름이었다

기자(箕子)가 망명했던
고조선

기자는 은나라 주왕紂王의 숙부로서 태사太師, 즉 국사를 역임
했다. 주왕의 폭정으로 은나라가 망하고 서주西周가 들어서자 기자
는 새로운 왕조에 협력하기를 거부하고 발해유역의 고조선으로 떠
나갔다.

은나라 태사, 기자

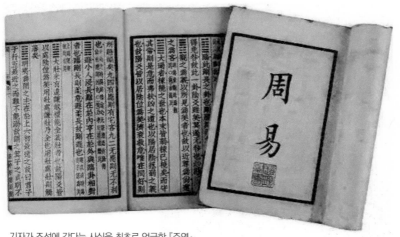
기자가 조선에 갔다는 사실을 최초로 언급한 『주역』

이와 관련된 기록은 여러 중국 문헌에서 찾아볼 수 있다.

『상서대전尙書大傳』의 "무왕이 은나라와 싸워 이기자 기자가 조선으로 도망쳐 갔다.(武王勝殷 箕子 走之朝鮮)", 『한서』 지리지의 "은나라가 도덕이 땅에 떨어지자 기자가 조선으로 떠나갔다(殷道衰 箕子 去之朝鮮)", 『사기史記』 송미자세가宋微子世家의 "무왕이 기자를 조선에 봉하였으나 신하로 삼지는 않았다(武王 乃封箕子于朝鮮 而不臣也)" 등이 그것이다.

이들 기록은 얼핏 보기에는 같은 것 같지만 자세히 분석하면 내용적으로 차이가 있다. 『상서대전』은 "무왕이 은나라와의 전쟁에서 승리를 거두자 기자가 조선으로 도망쳐갔다"라고 하였으니 이는 은나라가 망한 뒤에 기자가 조선으로 망명했다는 이야기가 된다.

『한서』 지리지에서는 "은나라가 도덕이 땅에 떨어지자 기자가

화이사관을 제창한 공자

조선으로 떠나갔다"라고 하였으니 이는 은나라가 멸망하기 직전에 미리 망할 것을 예견하고 조선으로 떠나갔다는 이야기다.

『사기』 미자세가는 "무왕이 기자를 조선에 봉했으나 신하로 삼지는 않았다."라고 하였는데 여기에는 논리적 모순이 있다. 기자를 조선에 봉했다면 신하인 것이고 신하가 아니라면 봉하지 않은 것이다. 봉했는데 신하는 아니라는 논리는 성립될 수 없다.

기자가 무왕의 분봉을 받으려면 왜 굳이 망명의 길을 선택했겠는가. 조선은 서쪽의 주나라와 멀리 떨어진 동방의 독립 국가로서 서주의 분봉 대상이 아니었다. 기자가 조선을 망명지로 선택한 이유가 거기에 있었다.

그런데 사마천이 『사기』를 쓰면서 "무왕이 기자를 조선에 봉했다"고 한 것은 조선을 서주의 신하국가로 만들기 위해 자의적으로 조작한 것이며 역사적 진실이 아니다.

위에 인용한 세 기록은 내용상에서는 다소 차이가 있지만 기자가 은나라를 떠나 고조선으로 갔다고 본 점에서는 동일하다.

중국 산동성 조현에 있는 기자묘. 이 곳은 본래 상나라 도읍 박성지역이다

발해유역의 고조선을 입증하는
최초의 자료는 『주역周易』이다

한국의 반도사학은 기자가 조선으로 왔다는 것을 부정한다. 그 가장 중요한 이유는 기자가 당시 은나라의 수도 하남성 안양에서 망명객 신분으로 중간에 여러 이민족 국가를 경유하여 대동강 유역의 고조선 평양까지 온다는 것은 불가능한 일이란 것이다.

그러나 그것은 고조선에 대한 위치설정이 잘못되었다. 고조선이 북한의 대동강 유역에 있었다면 기자가 고조선으로 망명한다는 것은 거리상으로 볼 때 불가능한 일이다.

당시에 고조선은 발해유역의 고죽국 땅, 현재의 하북성 노룡현에 있었다. 송나라 낙사의 『태평환우기』는 노룡현에 기자가 왔던 조선성이 있다는 기록을 남기고 있다.

한국의 반도사학이 기자가 조선에 왔다는 것을 부정하는 또 하나의 중요한 이유는 기자가 조선에 갔다는 것이, 한漢나라시대 문헌인 『상서대전』에 최초로 보이고 기자 생존 당시인 서주시대의 기록에는 나타나지 않는다는 것이다.

그러나 우리는 서주시대의 기록에서도 기자가 조선으로 갔던 근거를 찾을 수 있다. 『주역』에서 말한 "기자가 명이에 갔다(箕子之明夷)"라는 것이 그것이다.

이는 『주역』 64괘 중 명이明夷 괘의 육오六五 효사爻辭에 나오는 내용인데 문장의 구조상 『상서대전』의 "기자가 조선으로 도망쳐 갔다.(箕子 走之朝鮮)" 『한서』 지리지의 "기자가 조선으로 떠나갔다(箕子 去之朝鮮)"라는 것과 동일하다. 다만 조선이란 명칭이 명이로 바뀌어 있을 뿐이다.

명이는 조선의 다른 이름 즉 조선과 동의어로서 이는 기자가 조선에 갔던 사실을 서주시대의 기록인 『주역』이 증명하는 결정적인 근거이다.

다만 그동안 중화사관의 영향으로 명이라는 두 글자를 조선의 다른 이름으로 보지 않고 "밝음이 땅속으로 들어갔다(明入地中)"라고 해석함으로서 "기자가 조선에 갔다"는 것을 서주시대의 기록으로 뒷받침하는 근거를 상실하게 된 것이다.

『주역』의 명이明夷를 "밝음이 땅속으로 들어갔다(明入地中)"고 해석한 공자

『주역』의 명이를 조선의 다른 이름이 아닌 "밝음이 땅속으로 들어갔다"라고 해석한 것은 공자이다. 이에 공자의 영향을 받은 정자, 주자 등은 명이의 이夷 자를 "상처를 입는다"는 상할 상傷 자의 의미로 풀이했다. 따라서 공자 이후 수천 년 동안 "기자 지명이箕子之明夷"는 조선과는 상관 없는 내용으로 인식되어 왔다.

그러나 명이괘에 명이라는 단어가 무려 9차례나 등장하는데 명이의 이자를 상할 상자로 바꾸어 "밝음이 상처를 입었다"는 명상明傷으로 해석하다보니 의미가 잘 통하지 않고 몹시 어색하다.

예컨대 명이괘 육사六四 효사의 "획명이지심獲明夷之心"을 "밝음이 상한 마음을 얻었다"고 해석하는데 이게 도대체 무슨 뜻인가. "명이의 마음을 얻었다"고 풀이하는 것이 자연스럽다.

갑골문에 의하면 조朝 자는 본래 두 개의 십十 자 아래에 명明 자, 즉 맹萌으로 되어 있다. 이는 맹萌과 조朝가 같은 의미의 글자임을 말해준다.

서주 무왕시대에 조선이 국가를 지칭하는 명칭이었다면, 명이는 조선민족을 가리키는 명사였다고 본다. 왜 조선 민족을 지칭하는 명사가 명이였는가.

우리민족은 태양을 숭배하는 동방민족으로 발해의 모퉁이 해뜨는 골짜기(暘谷)에서 살았다. 따라서 명이는 서주시대에 동쪽의 해뜨는 나라에서 광명을 숭배하며 살던 우리민족을 가리킨 말이고,

광명을 숭배하는 동이족이란 말을 줄여서 '명이'라 했다. 우이嵎夷처럼 명이明夷는 조선과 동의어였다.

그러면 공자는 왜 '명이'를 조선의 다른 이름으로 보지 않고 "밝음이 땅속으로 들어갔다"라는 전혀 다른 의미로 해석했을까 하는 의문이 제기된다.

명이明夷는 발해조선의 다른 이름이다

명이괘는 곤(땅)괘가 위에 이(불)괘가 아래에 위치하고 있다(坤上離下). 땅은 은나라 주왕, 불은 기자를 상징한다. 이는 기자가 주왕과 같은 폭군을 만나 기울어가는 은나라를 붙잡기 위해 최선을 다했으나 결국 이민족에게 나라를 빼앗기자 기자는 온갖 고초를 겪으며 명이, 즉 조선으로 망명하여 자신의 이상을 펼치게 된 과정을 담고 있다.

『주역』은 왜 기자가 조선으로 망명한 내용을 64괘의 하나인 명이괘에 담아 설명했는가. 기자가 불우한 환경을 당했으나 끝까지 포기하지 않고 다시 명이에 가서 자신의 이상을 실현했던 높은 뜻을 기리고 후세에 교훈으로 남기기 위한 목적에서였다고 본다.

명이괘의 초구初九 효사爻辭에는 "군자가 떠나감에 3일 동안 먹지 못하네. 군자가 가는 길에 주인이 걱정하는 말을 하네(君子于行 三日不食 有攸往 主人有言)"라는 내용이 나온다.

이는 기자가 망명객 신분으로 먼 길을 떠나 명이로 가는 도중에 겪었던 고난의 역정이 배어 있는 내용이라고 본다.

명이괘는 기자가 명이로 떠나가는 출발과정, 중간에 겪은 고난의 역정, 그리고 명이에 도착해서 높은 지위를 얻어 "사방에 빛을 비추는(照四國)" 내용으로 끝맺고 있다.

『주역』의 "기자 지명이箕子 之明夷"는 "기자가 '명이'에 갔다"는 것을 묘사한 기록이 분명한데 공자는 왜 다른 해석을 한 것일까.

첫째는 화이사관華夷史觀이다. 공자는 중화를 높이고 동이를 배척하는 역사관을 갖고 있었다. 동이족의 수령 치우와 화하족의 수령 황제가 탁록에서 전쟁을 벌였는데 공자는 화이사관에 입각하여 치우를 악마로 비판했다. 화이사관에서 본다면 명이는 화하족이 아닌 동이족으로서 비판의 대상이다. 따라서 그가 현자로 추앙하는 기자가 그곳에 갔다는 것을 천명하고 싶지 않았을 것이다.

둘째는 후인에 의한 개작의 가능성이다. 중국의 고대 문헌에서 고조선과 동이족에 관한 기록의 조작과 왜곡이 무수히 발견된다. 이 부분도 명이의 존재가 『주역』에 의해서 부각되면 발해유역의 지배자 고조선의 실체가 드러나기 때문에 그것을 방지하기 위한 한족 민족주의자들의 개작을 생각해볼 수 있다.

혹자는 『주역』 경전을 어떻게 감히 손대느냐고 이견을 제기할 수 있다. 그러나 『서경』의 요전편에 나오는 "경수민시敬授民時"를 당태종 이세민李世民의 민民 자를 피하기 위해 "경수인시敬授人時"로 개정한 것을 본다면, 경전의 문자에는 손을 대지 않는다고 믿는 것은 순진한 생각이다.

『주역』의 "기자 지명이箕子 之明夷"는 3천 년 전 발해유역에 조선이란 나라가 존재했다는 것을 『주역』으로 입증하는, 한국 상고사 연구에서 매우 획기적인 기록이다. 한양조선의 유학자들은 공자의 권위에 눌려 감히 이러한 주장을 할 엄두를 못냈다. 필자는 '명이'는 우이嵎夷처럼 발해조선의 다른 이름이라고 확신한다.

23

아리랑, 장독대에도 남아 있는
발해조선의 건국이념 홍익인간 정신

**우리민족의 건국이념
홍익인간**

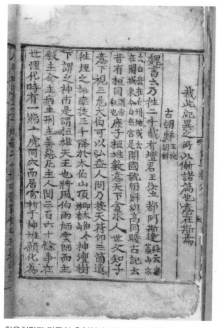

환웅천왕과 단군의 홍익인간 개국이념을 전한
『삼국유사』고조선 조항

『삼국유사』고조선조항에서 환웅천왕의 환국 개국과 단군왕검의 고조선 건국 사실을 전했는데, 거기에 널리 인간 세상을 이롭게 하는 "홍익인간弘益人間" 이념을 바탕으로 개국했다고 말하였다.

우리 민족의 개국이념인 홍익인간에는 전쟁이 아닌 평화, 국가와 민족을 넘어 인류가 공존공생하는 숭고한 인류애가 담겨 있다.

중국 한족의 시조 황제 헌원씨는 판천阪泉에서 염제 신농씨와 싸우고 탁록涿鹿에서 치우蚩尤 현도씨와 싸워 살벌한 전쟁을 통해 건국한 사실이 사마천 『사기』 황제본기에 기록되어 있다.

일본의 『고사기古事記』에 의하면 일본의 국조는 천조대신天照大神의 후예 신무천황神武天皇이다. 『일본서기』에 신무천황은 서기전 660년~서기전 585년까지 75년간 재위했다고 기록되어 있는데 신무천황 역시 일본 최초의 국가 대화국大和國을 건립하는 과정에서 피 비린 나는 전쟁을 수행했다.

세계 어느 나라에서도 전쟁이 아닌 평화적인 수단, 온 인류가 함께 잘사는 공존 공영의 인류애를 바탕으로 건국한 나라는 찾아보기 어렵다. 그러므로 한국인의 조상인 환국 발해조선의 건국이념 홍익인간 정신은 시간과 공간을 초월하여 높은 가치를 지닌다.

아놀드 토인비, 『25시』의 작가 게오르규의 홍익인간 정신에 대한 평가

『역사의 연구』라는 위대한 저서를 남긴 20세기 최고의 역사학자 아놀드 토인비(1889~1975)는 1973년 1월 1일 한국의 동아일보와의 인터뷰에서 "만약 21세기에 전 세계가 하나되어 돌아가는 날이 온다면 그 중심은 동북아시아가 될 것이고 그 핵심사상은 한국의 홍익인간사상이 되어야 한다"고 강조했다.

『25시』의 작가 게오르규(1916~1992)는 루마니아 출신이다. 그는

홍익인간사상을 극찬한 토인비

1974년 한국을 방문하기도 했
는데 '한국찬가'라는 글에서 "한
국민족이 낳은 홍익인간사상은
21세기를 주도할 세계의 지도
사상이다"라고 말했다.

　토인비와 게오르규 같은 세
계적인 석학들이 한국의 개국이
념 홍익인간 정신에 대해 21세
기를 지도할 핵심사상으로 높이
평가했다는 것은 실로 주목할만
한 일이다.

발해조선의 건국이념 홍익인간이
한국정신이다

　일본에는 사무라이 정신이 있고 중국에는 중화정신이 있다. 한
국인에게는 어떤 정신이 있는가. 홍익인간이 수천년 동안 한국인
의 정신 세계를 지탱해온 한국정신이라고 믿는다.

　고구려 광개토태왕 비문에는 "도덕으로써 함께 다스린다(以道興
治)"라는 내용이 나온다. 여기서 권력이나 형벌로써 나라를 다스리
지 않고 도덕을 바탕으로 백성들과 함께 나라를 다스린다는 고구
려의 "이도여치"는 고조선의 홍익인간 정신을 계승한 것이다.

그리고 나라의 중대사를 의논할 때 만장일치를 통해 결정을 내렸던 신라의 화백제도, 농민문화의 미풍양속으로 자리 잡았던 두레의 상부상조 정신 등은 다른 나라에서는 찾아볼 수 없는 우리 민족의 독특한 문화전통으로 홍익인간 정신의 시대를 달리한 변화라 할 수 있다.

혹자는 선비정신을 한국정신이라 말하기도 하는데 이는 성리학을 표방했던 한양조선에 국한된 것이며, 우리역사 1만 년을 면면히 관통하는 한국정신은 아니다. 한국정신을 한마디로 말한다면 홍익인간 정신이다.

▌홍익인간의 순수한 우리 말은
▌아라리이다

홍익인간은 『삼국유사』 및 『제왕운기』 등에서 환국 발해조선의 개국이념으로 소개되어 있고 오늘날에는 교육기본법 제2조에 교육이념으로 명시되어 있다.

그러나 우리 국민들 가운데 인간세상을 널리 이롭게 한다는 홍익인간의 구체적인 의미가 무엇인지 정확히 알고 있는 경우는 드물다. 국사 교과서에서도 그저 홍익인간 이념으로 개국했다고 말할 뿐 그 의미에 대한 자세한 설명은 되어 있지 않다.

"아리랑 아리랑 아라리요 아리랑 고개를 넘어간다.

나를 버리고 가시는 님은 십 리도 못가서 발병 난다."

우리 민요 아리랑의 "나를 버리고 가시는 님은 십 리도 못가서 발병 난다"는 가사 속에는 혼자서 가지 말고 함께 가자는, 서로 함께 어울려 잘살아보자는 간절한 소망이 담겨 있다.

이는 혼자서 잘 먹고 잘 살려 하지 말고 약자와 강자가 같이 어울려 손에 손을 마주 잡고 더불어 잘살아보자는 나눔과 배려의 홍익인간 정신과 부합된다.

현재 아리랑에 대하여 국보를 자처한 양주동 박사를 비롯하여 수십 가지 해석이 존재하지만 국민적 공감대를 형성하는 통일된 견해는 없다.

필자는 한국의 전통민요에 나오는 아리랑 아라리의 한자표기가 홍익인간이라고 본다. 즉 홍익인간의 순수한 우리말이 아라리인 것이다.

아리랑 아라리가 서로 함께 어울려 공생하는 나눔과 배려를 가리키는 홍익인간의 순수한 우리말이란 근거를 어디서 찾을 수 있는가.

중국 천산 아래 신장 위구르 자치구 직할시에 아라리시(阿拉爾市)가 있다. "아라리는 몽골의 말인데 '함께 모인다' '서로 함께 어울린다'는 의미가 된다(阿拉爾 蒙古語 爲"滙聚 交滙"的意思)"라고 아라리시의 시청 안내문에서 설명하고 있다.

여기서 회滙 자가 내포하고 있는 의미가 중요하다. 융화, 융합의 뜻이 있다. 부동한 사상, 문화, 관점이 서로 만나 원융 화합을 이루는 것을 교회交滙라고 하는데 교회는 바로 홍익의 뜻이다.

오랜 세월이 흐른 지금 한반도를 터전으로 살아가는 한국인은 아리랑이란 노래를 부르면서도 정작 아리랑 아라리가 무엇을 의미하는지 알지 못한다. 그런데 저 멀리 중국 서북쪽 천산 밑에 우리 가요 아리랑의 아라리시가 있고 그 말의 몽골어 의미는 "서로 함께 원용 화합한다"는 뜻이다. "서로 함께 어울려 융합한다"는 아라리의 뜻이 홍익인간의 공존 공생 정신이 아니고 무엇인가.

그러면 왜 중국 대륙 천산 밑 위구르 지역에 홍익인간의 우리말인 아라리가 남아서 지금까지 전해지는 것일까. 천산 산맥 동쪽에는 박거달봉이 있는데 이는 우리말 밝달봉이다. 천산 산맥에서 두 번째로 높은 봉우리가 칸탱그리봉이다. 칸은 임금, 탱그리는 단군을 가리키는 것으로서 우리말로는 단군봉인 셈이다.

천산의 원래 이름은 백산白山 즉 밝달산이다. 여기서 환인씨가 환국을 건국했고 그것을 계승한 것이 발해유역의 발해조선이다. 그래서 그곳에는 환국 밝족과 관련된 흔적들이 보존되어 있다.

천산 산맥의 밝달봉과 칸탱그리봉이 우리 환국 밝족과 무관하지 않다면 환국이 건국된 그곳에 환국의 건국이념인 홍익인간의 순수한 우리 말 아라리가 남아 있는 것도 결코 우연이 아니다.

우리는 아라리의 뜻을 잃어버렸는데 몽골어에 아라리의 뜻이 살아 있는 이유는 무엇인가. 몽골은 만리장성 밖의 북쪽에 위치하여 중국 한족의 침략을 비교적 적게 받았고 자신들의 고유한 전통 문화를 지키는 일이 용이했다. 그래서 거기에 천산에서 기원한 환국 밝족의 원어가 살아 있는 것이라고 하겠다.

우리나라의 장독대에는 배가 불룩한 옹기가 있는데 이를 항아리라고 한다. 고추장, 된장을 담그는데 주로 쓰였고 쌀이나 잡곡을 저장하기도 하였다.

온 가족이 함께 먹는 음식을 담는데 사용한 그릇이 항아리라면 여기서 말하는 아리도 아리랑의 아리, 홍익인간의 의미와 상통된다고 본다. 광개토태왕 비문에는 아리수阿利水가 나온다. 이것도 우리말 아리의 한자표기가 분명하다. 다만 우리는 수많은 외세의 침략을 겪는 와중에 그 어원을 잃어버렸을 뿐이다.

아라리 정신의 회복이 한국의 시대적 과제이다

백범 김구 선생은 "나는 우리나라가 남의 것을 모방하는 나라가 되지 말고 높고 새로운 문화의 근원이 되고 목표가 되고 모범이 되기를 원한다. 그래서 진정한 세계평화가 우리나라에서 우리나라로 말미암아 세계에 실현되기를 원한다. 홍익인간이라는 우리 국조 단군의 이상이 이것이라고 믿는다"라고 말했다.

지금 한국은 남북으로 분단된 강토를 통일하기는커녕 한국사회 내부가 다시 촛불과 태극기로 갈라져 두 나라가 되어 있다.

온 인류가 더불어 함께 잘 사는 원대한 홍익인간을 목표로 건국한 민족이, 동족간에 서로 화합하지 못하고 극심한 분단과 대립의 양상을 보이는 오늘 한국의 현실은 조상님들께 부끄럽고 세계적인 웃음거리가 되기에 충분하다.

토인비, 게오르규가 21세기를 지도할 사상으로서 극찬한 홍익인간 사상, 백범 선생이 실현되기를 염원하신 단군의 홍익인간 이상, 원융 화합 공생을 가리키는 우리말 아라리 정신의 회복이 한국의 시대적 과제다.

24

비열한 수법 동원한 한무제의
발해조선 침략, 실패한 전쟁이었다

**한족 최고의 영웅
한무제 유철**

중국 특색의 사회주의 기치를 내걸고 자본주의 시장경제 논리를 과감하게 받아들여 가난한 중국을 부강한 중국으로 만든 개혁 개방의 총설계사는 등소평이다.

1992년 남순강화에 나선 등소평

등소평은 1992년 88세 고령에도 불구하고 근 한달 동안 심천深圳, 주해珠海, 상해上海 등지를 시찰하며 연도에서 개혁개방의 중요성을 역설했는데 이것을 남순강화南巡講話라 한다.

여기서 등소평은 검은 고양이가 됐든 흰 고양이가 됐든 쥐만 잘 잡으면 된다는 유명한 말을 남겼는데 30년 전에 등소평이 대담하게 개혁개방을 추진하지 않았다면 오늘날의 중국은 없었을 것이다.

그러나 오늘날 경제발전의 혜택을 누리는 곳은 주로 중국 장강長江 남쪽이고 내륙으로 들어가면 문명과는 거리가 먼 지역도 많다.

현재 중국에서 문명의 첨단을 걷고 있는 장강 유역의 강소, 절강, 복건은 본래 동이족이 살던 땅이다.

황하중류를 중심으로 출발한 한족 정권은 한무제 유철劉徹(서기전 156~서기전 87) 이전에는 만리장성 안쪽을 모두 지배한 것이 아니다. 심지어는 장강 유역마저도 제대로 손아귀에 넣지 못했다.

그러다가 서기전 111년 한무제는 장강 남쪽의 남월과 동월을 침략하여 한나라에 복속시켰다. 남월은 오늘날의 복건성이고 동월은 오늘날의 절강성 지역이다.

본래 동이족의 땅이었던 복건성, 절강성 일대는 2000년 전 한무제의 침략을 받아 한왕조의 영토로 편입되게 되었는데 오늘날 이 지역이 중국의 경제발전을 선두에서 견인하고 있다. 그런 점에서 한무제 유철은 한족 역사를 새로 쓴 최고의 위대한 영웅이다.

고조선을 침공한 한무제 유철

한무제 유철의
발해조선 침략

　남쪽의 남월과 동월을 침략하여 절강성, 복건성 일대까지 한나라의 강역을 넓힌 한무제 유철은 다시 동북쪽의 발해유역에 있던 고조선을 침략하여 정복하려는 야심을 품게 된다.

서기전 110년 한무제는 전국의 감옥에 갇혀 있는 죄수들을 동원하여 고조선을 공격할 준비를 한다. 18만명에 이르는 막대한 병력을 북쪽 변방과 동쪽 바닷가로 집결시켰다. 그리고 서기전 109년 가을 섭하涉何를 고조선에 사신으로 파견하여 우거왕을 저들에게 복종하도록 회유했다.

고조선의 우거왕이 이를 거절하자 한나라의 사신 섭하는 돌아가는 길에 조, 한 국경선인 패수 즉 오늘날의 하북성 북경 동쪽의 조백하에 이르러 자신을 전송하기 위해 따라갔던 고조선의 비왕裨王 장長을 살해하고 강을 건너서 도망치는 외교상에 어긋나는 비열한 행위를 자행했다.

고조선에 대한 노골적인 만행에 분노한 고조선 왕은 그에 대한 보복적 조치로서 요동군동부도위를 습격하고 섭하를 잡아 살해하였다. 이것은 당시 고조선의 국력이 중국의 눈치나 보는 약소국이 아니었음을 보여주는 좋은 증거이다.

전쟁 준비를 끝낸 한무제는 고조선 정벌의 명분이 필요했다. 그래서 사신을 보내 일부러 분쟁을 야기시켰는데 고조선이 이를 좌시하지 않고 적극적으로 대응하자 한무제는 그것을 구실로 삼아 서기전 109년 바다와 육지 양면으로 고조선 침략에 나섰다.

한무제는 서기전 109년 가을 누선장군樓船將軍 양복楊僕을 수군의 총사령관으로 삼아 발해 쪽에서 하북성 진황도시 노룡현에 있던 고조선의 수도 왕검성을 공격하도록 했다. 양복을 해군 총사령관에 임명한 것은 그가 서기전 111년 남월을 공격하는 과정에서 전공을 세우는 등 해전의 전투경험이 풍부했으므로 그에게 해군의 총지휘를 맡긴 것이다.

한편 육군의 총사령관은 좌장군 순체荀彘를 발탁했다. 그는 북방의 흉노와의 전쟁에서 공로를 세운 야전 경험이 풍부한 장수였다. 순체로 하여금 육로를 이용하여 패수 즉 지금의 북경 동쪽의 조백하를 건너서 양복의 해군과 함께 고조선의 왕검성 현재의 하북성 노룡현을 공격하게 하였다.

순체의 육군은 당시 하북성에 있던 요동군에서 출발하여 고조선 서쪽을 침공했고 양복의 해군은 발해 쪽에서 출발하여 고조선

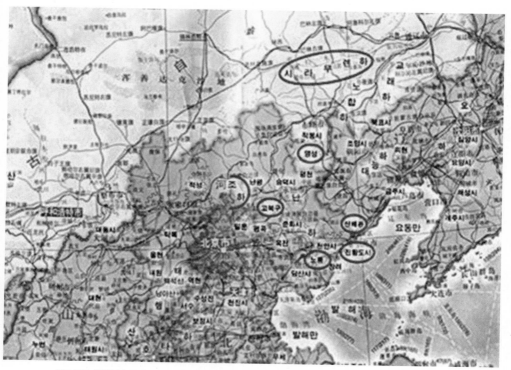

중국 지도. 발해만 부근에 보이는 노룡현이 한무제 당시 발해조선의 수도가 있던 지역이다

동쪽을 공격했다. 한무제는 수륙 양군의 합동작전에 의해 고조선의 수도는 쉽게 함락될 것으로 믿었다. 그러나 전황은 정반대로 전개되었다. 첫 전투에서 한나라의 수륙 양군이 모두 대패를 한 것이다.

해군 총사령관 양복은 병졸들을 모두 잃어버리고 혼자 산속으로 도망쳐 10여 일간 숨어 지내다가 겨우 살아남은 패잔병들을 다시 긁어모으는 상황이었으니 이는 당시의 전황이 어떠했는지를 잘 설명해준다.

전쟁 중 평화협상 실패한 심복 두 명이나 처형시킨 한무제

전쟁이 예상과 달리 한나라의 패색이 짙어지는 쪽으로 기울자 당황한 한무제는 사태를 수습하기 위해 자신의 심복 위산衛山을 보내 고조선의 우거왕과 평화협상을 벌이도록 했다.

그러나 양측의 팽팽한 줄다리기로 협상은 결렬되었고 위산이 돌아와서 그 사실을 보고했다. 협상을 통해 평화적으로 전쟁을 마무리하려는 시도가 좌절되자 화가 난 한무제는 협상 결렬의 책임을 물어 위산을 처형했다.

양측에서 평화협상이 진행되는 와중에 패전한 한나라의 군대는 다시 전열을 가다듬었고 평화협상이 실패로 돌아가자 공격 자세로 전환했다. 그러나 이번에는 육군대장 순체와 해군대장 양복 사이에 알력이 생겼다. 따라서 수륙 양군의 합동작전을 통해 조선을 함락시키려는 시도는 성공을 거두지 못했다.

한편 한무제는 위산이 평화회담에 실패하고 또 순체와 양복은 둘 사이의 알력으로 인해 전쟁이 아무런 진전도 없이 세월만 흐르게 되자 이번에는 제남태수濟南太守 공손수公孫守를 전권특사로 파견하여 대책을 강구토록 했다.

공손수는 현장에 가서 해군장군 양복을 체포하여 가두고 양복의 수군을 순체의 육군에 포함시켜 순체가 총지휘하도록 조치한 다음 이를 한무제에게 보고했다. 한무제는 보고를 받자마자 공손수를 또한 사형에 처하였다.

천하의 한무제가 전쟁 도중에 자신의 심복을 평화협상 진행을 위해 조선에 급파하고 또 자신이 파견한 특사를 두 사람이나 책임을 물어 처형시킨 것을 본다면 한과 조선의 전쟁이 얼마나 한나라에 불리하게 전개되었는지 짐작하기에 어렵지 않다.

전쟁 참전한 육군, 해군 총사령관 극형

한무제는 조선전쟁 후 전쟁에 참전한 육군, 해군 총사령관을 극형으로 다스렸다. 한무제는 전쟁 도중에 평화협상을 성공시키지 못한 책임을 물어 두 명의 특사를 처형했을 뿐만 아니라 전쟁이 끝난 뒤에는 육군 총사령관으로 전쟁을 이끌었던 좌장군 순체는 기시형棄市刑에 처하고 해군 총사령관 누선장군 양복은 평민으로 강등시켰다.

기시형은 고대사회에서 집행하던 사형 중의 하나인데 여러 사람이 모인 저자거리에서 공개적으로 형을 집행했다. 극악무도한 죄인에 대해서 이 형벌을 시행했는데 좌장군 순체와 누선장군 양복에 대해 포상을 하기는커녕 순체는 기시형이란 극형에 처하고 양복은 평민으로 강등시키는 처벌을 한 것은 한무제의 조선침략은 승리한 전쟁이 아니라 실패한 전쟁임을 보여주는 상징적인 사건이다.

한무제 유철의 발해조선 침략은 실패한 전쟁

이상은 사마천이 쓴 『사기』 조선열전의 내용을 바탕으로 당시 조, 한 전쟁을 재구성해본 것이다.

그런데 사마천의 조선열전을 자세히 들여다보면 특이한 점이 발견된다.

조선 전쟁에 참여한 중국측 장군들은 처형이나 처벌을 받은 반면 논공행상에서 오히려 조선의 재상이나 장군들이 제후로 봉해지는 영광을 안았다.

이는 무엇을 의미하는가. 한나라가 군대를 통한 조선과의 정면 승부에서 실패하자 몰래 간첩을 들여보내 조선조정 내부를 이간

시킴으로써 야비한 방법으로 승리를 쟁취했다는 반증이라고 본다.

"조선의 이계상尼谿相 참參 이 사람을 시켜 조선왕 우거를 살해하고 와서 항복했다"는 사마천 『사기』의 기록에서, 위기에 몰린 한무제는 정정당당한 승리가 아니라 내부교란을 이용한 비열한 방법을 통해 승리를 거둔 사실이 행간에서 묻어난다.

조선열전이 수록되어 있는 사마천 『사기』

『사기』 조선열전에 의하면 한무제의 조선 침략은 실패한 전쟁으로서 조선은 이 전쟁으로 인해 나라가 완전히 망한 것이 아니었고 한무제가 설치한 한사군은 고조선의 서쪽 강역 즉 현재의 하북성 서남쪽 일부에 국한된 것이었다. 이는 마치 러시아가 우크라이나를 침공하여 그 일부 지역을 러시아에 편입시킨 것과 같았다.

이때 한무제가 대동강 유역에 있던 고조선과의 전쟁에서 승리하여 고조선을 멸망시키고 한반도에 한사군을 설치했다고 주장하는 것이 반도사관이다. 고조선을 멸망시켰다는 것도 한반도에 한사군을 설치했다는 것도 역사적 진실과는 거리가 멀다.

25
——

발해조선, 상나라, 고죽국이 숭배한
세발 달린 검은 새 삼족오三足烏

| 고조선의 발상지에서 유행하는
| 삼족오 전설

원시사회에서 인류는 자연에 대한 호기심과 환상, 경외심으로 가득 차 있었다. 그들은 어떤 초자연적인 신비한 역량을 지닌 식물

한나라 때 건립한 무씨사당 화상석에 새겨진 삼족오, 무씨사당은 치우족의 사당이다

이나 또는 동물을 자신들 씨족의 조상신 혹은 보호신으로 여겨 숭배했는데 이를 토템이라고 한다.

『시경』의 상송商頌 즉 상나라를 찬미한 시가 가운데는 "하늘이 현조에게 명하여 내려와서 상나라를 탄생시켰다(天命玄鳥 降而生商)"라는 내용이 나온다.

여기서 현조란 우리말로 바꾸어 말하면 검은 새를 가리키는데 검은 새가 어떻게 상나라를 탄생시킬 수 있겠는가.

『좌전』 소공 17년 조항에 "소호少昊시대에 봉조씨鳳鳥氏, 현조씨玄鳥氏, 청조씨靑鳥氏, 단조씨丹鳥氏 등이 있었다"는 기록이 보인다. 이는 상고시대에 새를 토템으로 한 여러 씨족이 존재했음을 말해 준다.

『시경』에 말한 "검은 새가 상나라를 탄생시켰다"라는 기록은 검은 새를 토템으로 한 현조씨족에 의해서 상나라가 건국된 사실을 가리킨 것이라고 하겠다.

『시경』 상송에 나오는 현조를 봉황이라고 할 경우 소호시대에 봉황을 토템으로 한 봉조씨가 이미 존재했으므로 이와 중복된다.

주희는 『시경』의 주석에서 "현조는 제비이다(玄鳥 鳦也)"라고 하였는데 상나라를 탄생시킨 현조를 제비라고 할 경우 상징성이 너무 빈약하다.

그러면 상나라를 건국했던 현조씨족이 토템으로 했던 현조는 과연 어떤 새일까. 고구려의 고분벽화에 등장하는 삼족오가 아닐까 여겨진다.

다른 동물은 다리가 둘이거나 넷인 데 반해 삼족오는 특이하게

중국 지도에 하북성 노룡현을 경유하는 청룡하, 옛 현수가 보인다

다리가 셋으로서 신비하다. 이 세 발 달린 검은 새는 어떤 신비하고 초자연적인 역량을 지닌 새라고 믿어 씨족사회에서 숭배의 대상이 되었을 것이다. 또한 특별히 3수를 숭배했던 동이족의 사상과도 관련이 있다고 본다.

필자는 발해만의 하북성 진황도시 북대하 노룡현 일대, 옛 고죽국이 있던 지역이 발해조선의 발상지라는 사실을 누차에 걸쳐서 언급한 바 있다.

그런데 『시경』의 상나라 탄생을 찬미한 시가에 등장하는 "현조생상玄鳥生商"의 전설이 공교롭게도 노룡현 지역에서 유행한다는 사실이 놀랍다.

왜 노룡현에서 이런 전설이 유행하는 것일까. 사마천『사기』삼대세표三代世表에 "설의 어머니가 자매들과 현구수에서 목욕했다(契母與姊妹 浴于玄丘水)"는 기록이 보인다.

설契은 상나라를 건국한 국조로 말해지는데 그의 어머니가 자매들과 함께 현구수에서 목욕했다는 것은, 먼 옛날 상나라의 조상들이 현구수 부근에 거주했다는 것을 의미한다.

여기서 말하는 현구수란 어떤 강인가. 현수玄水로 비정된다. 하북성 진황도시 노룡현 경내를 구비쳐 흐르는 청룡하가 바로 고대에는 현수로 불렸다.

『수경주水經注』에 "현수가 서남쪽으로 고죽성孤竹城 북쪽을 경유하여 서쪽으로 유수에 유입된다(玄水 又西南徑孤竹城北 西入濡水)"라고 말했는데 지금의 청룡하인 옛 현수는 난하灤河 즉 옛 유수濡水의 지류로서 도림구桃林口 장성長城을 경유하여 노룡현 경내로 진입하였다.

『수경주』에 말한 현수가 경유한 고죽성은 현재의 노룡현이고 노룡현은 고조선의 발상지이다. 그러므로 노룡현의 청룡하를 배경으로 유행하는 현조 전설은 다른 각도에서 보면 고조선의 발상지에서 유행하는 삼족오 전설이라고 말할 수 있다.

하북성 노룡현의 삼족오 전설,
무형문화유산으로 등재되다

하북성 노룡현에서는 "현조생상"의 전설을 하북성의 비물질문화유산으로 신청하였고 2009년 중국 정부에서는 이를 승인하였다. 비물질문화유산이란 우리나라로 말하면 무형문화유산 같은 개념으로 이해하면 될 것이다.

노룡현의 삼족오 전설이 하북성 비물질문화유산으로 등재되었다는 것은 두 가지면에서 큰 의미를 지닌다. 첫째는 노룡현의 청룡하 즉 옛 현수 유역을 『시경』에서 말한 현조 전설의 발상지로 보는데 중국 정부가 동의했다는 것이다.

둘째는 은나라의 도성 유적 은허殷墟는 하남성 안양에 있지만 은나라의 산실 즉 발상지는 옛 고죽국 고조선 지역, 현재의 노룡현 일대라는 사실을 중국이 국가적 차원에서 공인한 것이다.

이를 통해서 우리는 현재의 노룡현은 4,000년 전 고조선이 여기서 건국했고 상나라가 중원으로 진출하기 전 여기서 터전을 닦았으며 다시 백이 숙제의 나라 고죽국이 뒤이어 여기서 건국했다는 결론에 이르게 된다.

아사달(朝陽)에서 발견된 '중화용조中華龍鳥'는 고조선의 삼족오다

　드넓은 중국 대륙에서 발해만의 노룡현을 중심으로 삼족오 전설이 유행하는 데는 그만한 이유가 있다. 발해만 일대는 조류의 지

중국 조양시 조류화석박물관에 전시된 중화용조 화석

상낙원으로 불린다.

특히 하북성 노룡현에서 멀지 않은 곳에 요녕성 조양시朝陽市가 있는데 조양의 조朝는 아사, 양陽은 양달로서 조양은 우리말 아사 달의 한자표기로 본다. 삼국유사에 의하면 백악산 아사달은 단군 조선의 제2기 도읍지라고 기록되어 있다.

그런데 이곳 조양시 즉 아사달에서 세계최초의 조류화석이 발견되었다. 중국 정부에서는 이 새를 '중화 용조中華龍鳥'라 명명하였고 여기에 요녕조양조화석국가지질공원遼寧朝陽鳥化石國家地質公園을 건립하여 세계적 자랑거리로 삼고 있다.

세계 최초의 조류화석이 현재의 중국 영토 안에서 발견됐기 때문에 '중화'라는 명칭을 앞에 붙인 것이고, 새는 새이지만 일반 새와는 다른 특이한 새이기 때문에 '용조'라고 호칭했을 것이다.

그러나 역사적으로 보면 조양은 중원과는 멀리 떨어진 동북방의 고조선 아사달 지역이다. 특히 고조선의 토템은 삼족오였던 점을 감안 한다면 이 세계 최초의 새는 중화 용조라기 보다는 고고학적으로 증명된 고조선의 삼족오라고 말해야 하지 않을까.

조양시는 노룡현에서 그리 멀지 않은 발해조선의 중심지대인데 이 일대는 상고시대에 조류의 서식지였고 지금도 새들의 지상낙원으로서 조류박물관이 건립되어 있다. 발해조선이 새를 토템으로 했던 것은 이런 지역적 특성과도 관련이 깊어 보인다.

삼족오는 발해조선, 상나라,
고죽국의 토템이다

"후예가 태양을 향해 활을 쏘니 태양조太陽鳥인 삼족오가 떨어졌다(羿焉彈日 烏焉解羽)"는 기록이 『초사楚辭』 천문편天問篇에 나오는데 삼족오는 중원이나 한족의 유물유적 가운데서는 별로 발견되지 않는다.

현재 발해유역의 고조선 발상지 하북성 노룡현에 삼족오 전설이 유행하고 있고 단군조선의 수도 아사달로 여겨지는 조양시에서 삼족오 화석이 발견되었다.

태양을 숭배했던 발해조선 사람들은 삼족오를 태양을 상징하는 태양조 또는 태양에서 온 사자라고 믿고 이를 태양숭배의 연장 선상에서 숭배하였다.

고구려의 고분벽화에 등장하는 삼족오는 고구려가 창안한 것이

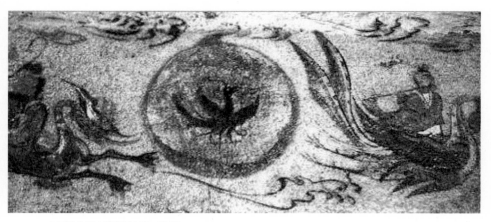

고구려의 고분 벽화에 나오는 삼족오

아니라 고조선의 삼족오 토템을 계승한 것이다.

한나라 때 건축한 산동성의 무씨사당 화상석畵像石에도 삼족오가 보인다. 무씨사당은 상나라 시조 치우 후손들의 사당이고 치우는 현조씨족의 수령이다.

상나라의 조상들은 동북방에 거주하던 동이족이며 이들은 고조선과 함께 태양조인 삼족오를 토템으로 삼은 조이족鳥夷族이다. 『시경』에 말한 상나라를 탄생시켰다는 현조는 제비가 아니라 삼족오이고 그 역사의 현장은 노룡현이다.

태양을 숭배한 고조선과 상나라의 태양조 토템, 즉 삼족오 토템은 고죽국으로 전승되었으며 그 역사 전설이 오늘날 노룡현의 청룡하 유역에서 살아 숨쉬고 있다.

발해만의 고조선이 삼족오의 발상지라는 것은 조양시의 조류화석이 발견됨으로써 고고학적으로 입증됐다. 하북성 정부가 노룡현에 전해오는 현조 설화를 무형문화유산으로 지정함으로써 노룡현이 삼족오의 발상지임을 중국 정부가 공식적으로 인정했다. 고조선의 토템이 곰이라는 반도사학의 주장은 이제 수정되어야 한다.

26

지금의 광활한 중국 만든 청나라, 발해조선의 후손이다

명나라의 북방 영토는 만리장성을 넘지 못했다

금나라에서 청나라로 국명을 개정한
청태종 애신각라 황태극

역사상의 중국은 화하족 즉 한족과 동이족 즉 밝족이 번갈아 가며 통치했다. 하夏, 서주西周, 한, 당, 송, 명은 화하족이 세운 정권이고 은殷, 진秦, 요, 금, 원, 청은 동이족이 세운 정권이다.

주나라시대의 중국은 수도가 섬서성에 있었는데 이때의 중국 강역은 섬서성, 하남성, 안휘성과 하북성 남쪽 일부에 불과했다. 오늘날 소위 말하는 남방의 경제특

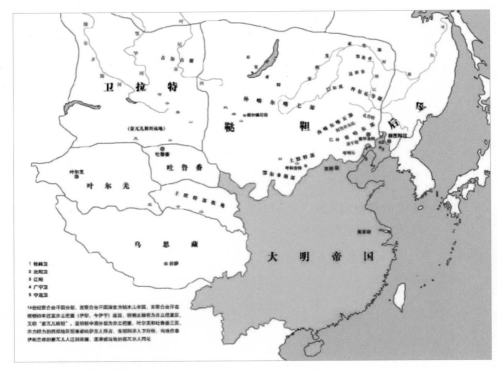

명나라시대의 강역도

구는 중국 영토에 포함되지 않았다.

　한나라를 건국한 유방은 6국을 통일한 진나라의 강역을 계승했고 한무제, 당태종에 의해 한나라의 강역이 서쪽과 남쪽으로 확대되었으나 동북방 영토는 진시황시대의 만리장성을 크게 벗어나지 못했다.

　하남성의 개봉에 도읍한 송나라는 장강 유역을 차지하는 데 그쳤고 그 밖의 영토는 요, 서하, 토번 등이 분할 소유하였다.

　명태조 주원장이 세운 명나라(1368~1644)는 건국 초기 남경에 도읍했다가 1421년 명성조 주체朱棣가 북경으로 천도하여 276년 동안 왕조를 유지하였다.

명나라 이전의 한족 왕조는 주로 중국 서쪽 지역에 위치한 장안, 낙양을 도읍으로 하였다. 중국 5,000년 역사상에서 한족이 세운 왕조가 동북방으로 진출하여 북경을 수도로 삼은 것은 명나라가 유일하다.

그러나 명나라 또한 북방 영토는 만리장성 밖까지 확대되었던 것은 아니다. 위환魏煥의 『황명구변고皇明九邊考』에 의하면 명나라가 외적의 침입을 방어하기 위해 최전방에 요동遼東, 계주薊州, 선부宣府, 대동大同, 삼관三關, 유림楡林, 영하寧夏 감숙甘肅, 고원固原 9

청나라시대의 강역도

개 군사 방어기지를 설치했는데 모두 북부변경의 만리장성 안쪽에 있었다. 이는 명나라의 북방 영토가 만리장성을 넘지 못했음을 보여주는 확실한 증거이다.

오늘날의 광활한 중국 판도를 만든 것은 청淸나라

오늘날 중국 영토를 살펴보면 북으로는 내몽고 자치구, 서쪽으로는 파미르고원, 청해성, 신강자치구, 서장자치구, 동북쪽으로는 외흥안령, 남쪽으로는 대만까지 포함시키고 있다.

오늘의 이 거대한 중국, 세계에서 두 번째로 큰 광활한 중국 판도를 만든 것은 바로 청나라이다.

청나라는 원래 한족들이 차지한 중원 땅보다도 몇십 배나 더 광활한 영토를 확보하여 중국의 강역에 포함시켰다.

청나라는 어떤 나라인가. 동북방 여진 부락의 한 갈래인 애신각라愛新覺羅 가문이 건립한 국가이다.

애신각라 누루하치는 1616년 동북방의 여러 부족국가를 통일한 다음 혁도아라赫圖阿拉, 지금의 요녕성 신빈현 동쪽에서 금金나라를 건립하였다.

앞서 누루하치의 조상인 아골타가 세운 금나라를 계승한다는 의미에서 국호를 금이라 하였는데, 누루하치의 금나라를 아골타의 금나라와 구분하기 위해 학계에서 이를 후금이라 호칭한다.

명나라 때 만리장성을 따라 설치한 9개의 변경 방어기지

　1636년 청태종 황태극皇太極(1592~1643)이 즉위하여 국호를 금에서 청으로 바꾸었는데 청태종시대에 중국의 강역이 엄청나게 확장되었다.

　지금의 내몽고와 동북 삼성, 러시아 북쪽의 외흥안령 이북, 그리고 서쪽으로는 바이칼호에서부터 동쪽으로 사할린섬까지 이때 모두 중국 영토로 편입된 것이다.

　서주시대로부터 명나라 이전까지 한족 정권이 지배하던 시기에는 하북성 동북쪽이 중국 영토에 포함된 적이 없다. 동이족이 집권하면서부터 비로소 지금의 동북 삼성이 중국 영토에 편입되게 되었다.

　바이칼호가 지금은 러시아 영토지만 원래는 숙신 땅이었고 청나라 때 중국 강역에 포함되었다.

　모택동이 소련을 방문하는 길에 기차를 타고 바이칼호를 지나

다가 몹시 분노한 적이 있는데 그것은 청나라 때 중국 영토였던 바이칼호를 러시아에게 빼앗긴 것이 안타까워서 분노가 폭발한 것이다.

이는 모택동의 강한 영토 야욕을 보여주는 한 단면인데 그는 바이칼호에 대한 중국의 역사 주권을 생각했던 것이다. 역사 주권에 무관심한 광복 후 우리나라 지도자들과는 좋은 대조를 이루는 대목이다.

대만은 『명사明史』에는 이주夷洲로 표기되어 있다. 이주라는 지명이 시사하는 바와 같이 대만은 명나라 이전까지 줄곧 동이족의 나라였다. 대만을 중국으로 통일한 것은 청나라 강희康熙 황제에 의해서이다. 1683년 강희 22년에 대만을 공격하여 중국에 편입시켰다.

강희황제는 대만뿐만 아니라 강희 27년(1688)에서 37년까지 10년 동안 신강, 서장, 청해, 사천성 서부, 감숙성 서부, 파미르고원, 외몽고에 이르는 광대한 지역을 중국에 통일시키는 대성과를 거두었다.

그 뒤 청나라는 옹정雍正, 건륭乾隆 황제시대에 새로 귀속된 지역에서 종종 발생하는 반란세력을 진압하면서 공전의 광활한 국토를 소유한 대 중국으로 탈바꿈하였다.

청나라는 신해혁명이 일어난 다음 해인 1912년 마지막 황제 부의溥儀가 퇴위하면서 12대 297년 만에 멸망했는데 오늘날의 이 거대한 중국 판도를 만든 것은 한족의 영웅 한무제, 당태종이 아니라 동이족 정권인 청나라의 강희, 옹정, 건륭, 태종 황제에 의해서였다.

청나라는
발해조선의 후손이다

금태조 완안 아골타는 숙신의 옛 땅인 지금의 흑룡강성 아성阿城 남쪽에 금나라(1115~1234)를 세웠다.

아골타는 요나라 말엽 여진의 여러 부락을 통일하여 1115년 지금의 흑룡강성 하얼빈시 아성구에 있던 회녕부會寧府에 나라를 세운 다음 국호를 금金, 연호를 수국收國으로 정하였다.

『금사金史』 본기에는 "금나라의 시조는 휘가 함보인데 처음에 고려에서 왔다(金之始祖 諱函普 初從高麗來)"라고 적고 있다. 함보는 본래 신라사람이었으나 그가 떠나올 때 신라의 옛 땅은 고려 땅으로 주인이 바뀌어 있었다. 함보는 고려에서 왔지만 고려인이 아닌 "고려에서 온 신라인"이라고 말하는 것이 정확한 표현이 될 것이다.

『흠정만주원류고』에서는 금나라의 시조가 신라인이었다는 사실을 다음과 같이 구체적으로 밝히고 있다. "금나라의 시조는 본래 신라에서 왔는데 완안씨라 호칭했다.(金始祖本從新羅來 號完顏氏)" "신라왕의 성은 김씨이다. 그러니 금나라의 먼 조상은 신라에서 나왔다.(新羅王金姓 則金之遠派 出於新羅)"

『흠정만주원류고』에서는 금나라가 신라왕실 김씨의 후손이라는 사실이 의심의 여지가 없다고 못 박아서 말한 다음과 같은 내용도 보인다.

"신라왕의 성이 김씨인데 서로 전하기를 수십세를 하였다. 그렇

다면 금나라가 신라로부터 왔다는 것은 의심의 여지가 없다.(新羅

王金姓　相傳數十世　則金之自新羅來無疑)"

『흠정만주원류고』는 청나라의 대신 아계阿桂 등이 황제의 칙명을 받들어 만주족의 원류를 고증하여 편찬한 책이다. 앞에 흠정 두 글자가 붙어 있는 것은 황제의 특명에 의해 편찬된 것을 의미한다. 당시에는 황제가 국가를 대표하였으므로 흠정은 오늘날의 국정이란 말과 같다.

따라서 만주족의 뿌리를 연구하여 편찬한 『흠정만주원류고』에서 금나라의 시조를 신라왕실 김씨의 후손으로 단정한 것은, 당대 학자들의 종합적인 연구 검토를 거친 끝에 내린 최종적 결론이라 말할 수 있다.

명나라 말엽 조정이 부패하고 변방의 방비가 허술해지자 1616년 건주建州 여진 수령 누루하치가 분열된 여진족의 각 부락을 통일하여 청나라의 전신인 후금(1616~1636)을 세웠다.

1626년 누루하치가 전쟁 도중 세상을 떠나자 그 아들 황태극이 즉위하여 1636년 국호를 청으로 바꾸었다.

후금을 세운 주역인 누루하치 등 건주여진의 귀족들은 금태조 완안 아골타의 직계후손들이다.

아골타가 건국한 금나라의 시조는 김함보인데 김함보는 신라왕실 김씨의 후손이므로 금나라를 계승하여 후금을 건국한 누루하치는 당연히 김씨의 자손이 된다.

신라에서 고려로 왕조가 교체된 이후 신라왕실의 김씨 후손들은 중국으로 건너가서 다시 김씨 왕조인 금나라를 세웠고 금나라는 황태극에 이르러 국명을 청나라로 바꾸었는데, 만리장성의 안과 밖을 통일하여 오늘날의 거대한 중국 판도를 만든 것은 바로 이 청나라였던 것이다.

청나라의 뿌리를 거슬러 올라가면 신라의 김씨에 가서 닿게 되는데 신라는 고조선의 유민들이 세운 나라라고 김부식의 『삼국사기』에 기록되어 있다. 그러므로 청나라는 혈통적으로 따지자면 오늘의 한국인과 피를 나눈 발해조선의 후손들이다.

유득공柳得恭이 발해사를 한국사에 포함시킨 것처럼 앞으로 금나라와 청나라의 역사를 한국사에 포함시켜야 한다. 그러면 "한국사가 중국역사에 귀속된다"고 주장하는 동북공정이나 "한국은 역사상 중국의 일부였다"는 시진핑의 허튼소리는 저절로 자취를 감추게 될 것이다.

27

—

발해조선의 수도와
서쪽 경계는 어디일까?

반도사학의
관점

사마천 『사기』 조선열전에 "한나라가 일어나자 패수浿水를 조선과의 경계로 삼았다.(漢興 至浿水爲界)"라고 하였는데, 이병도는 "패

백석산 정상, 갈석모양의 돌이 나란히 서 있는 모습이 인상적이다.

234 ... 『사고전서』에 나타난 발해조선의 역사

수는 지금의 청천강에 틀림없다고 생각한다"고 말했다.(『한국사』, 고대편, 을유문화사, 1959)

이병도는 또 "낙랑군의 수현인 조선현은 근래 발견되는 유적 유물에 의하여 지금 평양의 대안對岸인 대동군 대동강면 토성리 방면에 틀림없다고 알려져 있다"고 하였다.

고조선의 수도는 현재의 북한 평양에 있었고 중국과의 국경선은 청천강이었다는 것이 이병도의 기본 입장이다. 그 뒤 이병도의 주장은 노태돈, 송호정 등에 의해 계승되었는데, 다소의 견해차는 있지만, 큰 틀에서 고조선이 한반도에 있었다고 간주하는 입장은 동일하다.

이들의 주장에 따르면 연燕나라 진秦나라 한漢나라시대에 압록강 서쪽은 모두 중국 영토였고 한무제가 조선을 침략하여 설치한 한사군은 한반도 주변에 있었다는 논리가 된다.

2000년 전에 한무제가 한나라의 식민지 한사군을 한반도에 설치했다면 시진핑이 "한국은 역사상 중국의 일부였다"고 한 말은 망언이 아니라 진실이다.

한국의 반도사학이 시진핑의 망언을 듣고도 말 한마디 못한 채 쥐 죽은 듯이 있었던 것은 자신들의 주장이 시진핑의 망언과 크게 다르지 않기 때문이다.

민족사학의
관점

　대동강 평양, 한반도 한사군 설을 배격하고 고조선의 강역을 압록강에서 하북성 동쪽 난하灤河 유역으로 확장하는 대륙사관의 기치를 든 것은 북한의 리지린이다.

　리지린은 『고조선연구』(과학원출판사, 1963)에서 "우리가 만일 고대의 요수遼水를 오늘의 요하遼河로만 인정한다면 연燕의 요동은 오늘의 요동으로 되며 고조선은 태고 이래로 압록강 이남에만 거주한 것으로 될 수 밖에 없다. 그리고 압록강이 태고 이래로 중국과의 국경선이었다면 오늘의 평안북도지역은 기원전 3세기 초부터

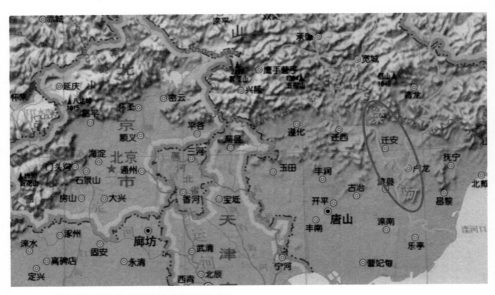

하북성 동쪽의 난하, 북경시에서 한참 떨어져 있다

600~700년 간 중국의 지배하에 있었던 것으로 된다. 그러나 역사적 사실은 이런 것이 아니었다"고 말했다.

그리고 리지린은 "고조선의 강역은 서기전 3세기 초까지는 요동, 요서, 우북평까지 이르렀고 서기전 3세기 초에 서방의 광대한 영역을 연에게 탈취당한 결과 오늘의 대능하(패수) 이동지역으로 축소되었다"고 주장하였다.

요동군과 요서군의 기준이 된 고대의 요수를 현재의 요녕성 요하가 아닌 하북성 동쪽의 난하로 보고 고조선과 중국의 국경선인 패수를 현재의 북한 청천강이 아닌 요녕성 대능하로 본 것이 리지린 대륙사관의 핵심이다.

북한 리지린의 관점은 남한의 윤내현과 이덕일 등에 의해 계승되고 있다. 윤내현은 "고대의 요수는 지금의 요하가 아니다. 지금의 난하 유역이 고대의 요동이다. 고조선과 중국의 국경은 지금의 난하와 그 하류 동부유역에 있는 갈석산으로 이루어져 있었다"고 말하였다.(『고조선 우리의 미래가 보인다』, 민음사, 1995)

이덕일은 최근 발간한 『온 국민을 위한 역사교과서』에서 "고조선의 강역은 지금의 요서 지역부터 한반도 남부까지였다"고 말하였다. 고조선의 서쪽 경계를 난하 이동으로 본 리지린의 주장을 따른 것이다.

심백강의
관점

　고조선의 서쪽 경계를 압록강이나 청천강으로 본 반도사학의 관점은, 고대의 요수를 현재의 요녕성 요하로 파악하여 그 동쪽을 요동 서쪽을 요서라 인식한 데 따른 것이다.

　반도사학이 낙랑군을 대동강 유역으로 간주한 것도 요동군이 오늘의 요하 동쪽에 있었다면 요동군 동쪽에 있던 낙랑군은 대동강 유역에 위치할 수 밖에 없기 때문이다.

　그러나 이는 한국사를 한반도에 가둬두려 했던 일본의 날조된 식민사관을 계승한 것으로서, 『사고전서』를 통해 고조선의 수많은 새로운 자료가 쏟아져나온 현시점에서는 더이상 거론할 가치조차 없다.

　지금의 하북성 난하가 고대의 요수이고 난하를 중심으로 요동, 요서가 나뉘었으며 난하가 중국과 고조선의 경계였다는 리지린의 주장은 고조선의 영토를 대륙으로 대폭 확장시켰다는 점에서 식민사학에 찌든 한국 반도사학에 신선한 충격을 안겨 주었다. 다만 리지린의 주장은 다음 일곱가지 문제점이 지적된다.

　첫째 하북성 동쪽의 난하를 고대의 요하로 보는 것은 어디까지나 리지린의 추정일 뿐 난하가 요하라고 직접 언급한 고대기록은 찾아볼 수 없다. 그러나 하북성 남쪽 보정시保定市 역수易水는 역수의 다른 이름이 요수라고 남북조시대 대표적인 학자 유신庾信(513~681)이 직접 말했다.

현재의 갈석산, 고조선의 수도였던 노룡현의 동쪽에 있다

역수가 요수라는 사실은 1500년 전 유신庾信이 직접 언급했다는 점에서 고대의 요수는 지금의 난하가 아닌 역수라고 보는 것이 훨씬 더 설득력이 있다.

둘째 리지린이 난하를 고대의 요수로 비정하는데 주요한 근거로 작용한 것이 갈석산이다. 현재의 갈석산은 바로 난하 부근 하북성 동쪽 창려현에 있어 리지린의 주장을 뒷받침한다.

그러나 리지린은 『사기』 소진열전의 "연나라 남쪽에 갈석산과 안문산의 풍요로움이 있다(燕南有碣石雁門之饒)"라는 기록을 간과했다.

전국시대 연나라는 하북성 쪽에 있었는데 현재 갈석산은 하북성 동쪽에 있다. 그렇다면 지금 하북성 동쪽 창려현에 있는 갈석산과 다른 갈석산이 연나라 때 하북성 남쪽에 있었던 것이 분명하다.

유신이 요수라고 말한 하북성 보정시 역수 부근에는 중원과 동이를 가르는 천연의 분계선 백석산白石山이 있다. 연나라 남쪽에 있던 갈석산은 하북성 창려현의 갈석산이 아닌 역수 부근의 백석산일 가능성이 높다.

셋째 『회남자』의 "갈석산으로부터 조선을 경유한다(自碣石山 過朝鮮)"라는 기록이나 『전한서』에 한무제가 "갈석산을 지나서 낙랑군, 현도군을 설치했다"고 말한 것으로 볼 때 갈석산은 조선의 서쪽에 있었음이 분명하다. 그런데 현재의 갈석산은 조선의 수도였던 노룡현의 서쪽이 아닌 동쪽에 있어 조선을 지나 갈석산이 나온다. 위치가 뒤바뀌었다.

넷째 『진태강지리지』에는 "낙랑군 수성현遂城縣에 갈석산이 있다"고 말하여 갈석산의 위치를 수성현으로 밝히고 있는데 수성현은 낙랑군 25개 현 중의 하나이다.

하북성 동쪽 갈석산이 있는 현재의 창려현은 역사상에서 한번도 수성현으로 된 적이 없다. 그러나 남북조시대에 유신이 요수라고 언급한 지금의 하북성 남쪽 보정시 역수유역에는 수성진이 있다. 『진태강지리지』에 말한 낙랑군 수성현은 현재의 하북성 보정시 수성진이고 갈석산은 수성진 부근의 백석산으로 보는 것이 합리적이다.

다섯째 『태평환우기』 하북도 역주易州 역현易縣 조항에 연나라 소왕昭王이 현자 곽외를 예우하기 위해 역현에 갈석관을 건립했다는 내용이 나온다.(郭隗謂燕王 禮賢請從隗始 乃爲碣石館於臺前)

하북성 보정시 역수유역에 갈석산이 없었다면 왜 여기에 멋진 건물을 지어 갈석관이란 명칭을 붙였겠는가. 이는 갈석산이 역수유역에 있었다는 명백한 증거이다. 연나라 남쪽에 갈석산과 안문산이 있다는 『사기』 소진열전의 기록과도 정확히 부합된다.

여섯째 『태평환우기』는 하북도 역주 역현 조항에서 연나라가 내수현에서 건국했다고 밝히고 있는데(淶水縣 周封召公於此) 내수는 역수 부근에 있는 강이다.

서주가 은나라를 멸망시킨 다음 동이지역인 하북성 남쪽을 침략하여 내수유역에 세운 제후국이 연나라다. 지금의 북경에서 연나라가 건국했다는 것은 근거 없는 낭설이다.

하북성 남쪽 내수유역에서 호타하까지가 연나라의 초기 영토였고 연나라 동쪽에는 고조선이 있었다. 『사기』 소진열전에 "연나라 동쪽에 고조선이 있다"는 것은 이를 두고 한 말이다.

일곱째 망도현望都縣은 하북성 보정시 역현 남쪽에 있다. 그런데 망도현에서 고조선의 상징 유물인 비파형 동검이 출토되었다. 보정시 망도현에서 출토된 비파형 동검은 역수유역이 고조선의 서쪽 경계임을 증명하는 또 하나의 증거가 된다.

연나라시대 연과 고조선의 국경은 압록강이나 난하가 아니라 역수였다.

현재의 하북성 보정시에 있는 백석산과 역수가 연나라 진나라

하북성 보정시 지도

한나라시대의 갈석산과 요수이고 시대에 따라서 다소의 변동은 있었지만 이곳이 고조선의 서쪽 경계, 즉 중국과 고조선의 국경선이었다.

북경은 고대 유주幽州이고 유주는 동북방민족 고조선의 영토였다. 고조선의 영토인 유주를 연나라의 강역으로 뒤바꿔놓은 것이 중국의 고대사다. 이를 되돌려놓으면 한국사가 바로 서고 동북공정은 무너진다.

28

북경 넘어 하북성 남쪽 보정시 일대까지 고조선 영토였다

난하灤河를 고조선 서쪽 경계로 본 북한 리지린 민족사학의 한계

리지린의 저서 『고조선연구』를 살펴보면 『무경총요』의 북경 조선하朝鮮河, 『태평환우기』의 하북성 노룡현 조선성朝鮮城, 선비족 『모

역수의 표지석. 하북성 보정시 역현에 있는 강으로 다른 이름은 요수다.

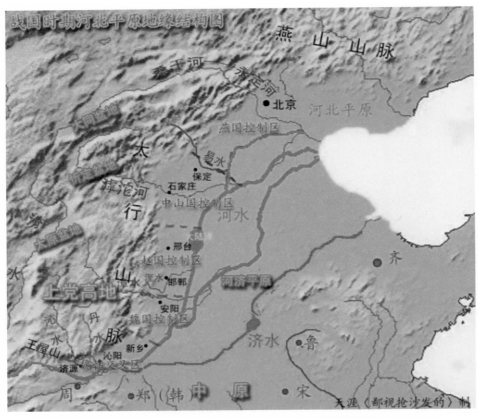

중산국이 표시된 지도. 하북성 역수유역을 중심으로 보정시 아래쪽이 중산국의 활동무대이다.

용은묘비명』의 조선건국朝鮮建國 고죽위군孤竹爲君 관련 기록은 단한마디도 언급이 없다.

이는 리지린이 『사고전서』를 참고하지 못했음을 보여주는 단적인 증거이다. 리지린이 만일 생전에 『사고전서』에 실려 있는 이런 금쪽같은 고조선 관련 자료들을 섭렵할 기회가 있어서, 지금의 하북성 진황도시 노룡현이 고조선의 수도였고 고조선이 옛 고죽국 땅 노룡현에서 건국했다는 사실, 즉 지금의 북경 일대가 모두 고조선 영토임을 알았더라면 난하를 고조선의 서쪽 경계로 설정하는 우를 범하지 않았을 것이다.

리지린은 반도사학에 갇혀 있던 한국사학에 일대 혁명을 가져다준 것은 사실이지만 그의 관점은 한국인의 고대 영토 북경을 모조리 중국 영토에 편입시키는 한계를 드러냈다.

연나라 진개秦開에게 빼앗긴 고조선 땅은 북경의 조백하潮白河 서쪽이다

리지린은 위만이 건너온 고조선의 패수浿水를 하북성 난하보다도 한참 동쪽에 위치한 요녕성의 대능하로 간주했는데 이는 연소왕燕昭王시대에 연나라 장수 진개의 침략에 의해 고조선이 난하유역을 모두 상실하고 대능하 쪽으로 밀려난 것으로 판단한 데 따른 것이다.

그러나 소왕 이전의 연나라는 하북성 남쪽 내수淶水 유역에서 호타하까지 걸쳐있던 작은 나라였고 지금의 북경시, 진황도시를 포함한 동북 지방은 모두 고조선 영토였다.

연소왕 때 고조선은 서쪽 영토의 일부 지금 북경 일대 상곡군, 어양군, 우북평군, 요서군, 요동군 지역을 빼앗기고 조선하 즉 지금 북경 북쪽의 조백하를 경계로 연과 국경을 마주하게 되었다고 본다.

지금 북경지역에 있던 연나라가 난하 이동에 있던 고조선을 공격하여 고조선이 동북쪽 대능하 방면으로 퇴각한 것이 아니라 지금 하북성 남쪽 내수, 호타하 일대에 있던 연나라가 북쪽으로 고조

선의 서쪽 땅 북경 일대를 공격하여 여기에 상곡군, 어양군, 우북평군, 요서군, 요동군의 오군을 설치한 것이다.

진개의 공격으로 인해 고조선이 잃어버린 땅은 난하 이동이 아니라 북경시 서쪽이었다. 다시 말하면 요녕성의 대능하가 아니라 북경의 조백하가 소왕 이후 연과 조선의 새로운 국경선이 된 것이다.

이것이 역사상에 등장하는 패수이고 위만이 조선으로 올 때 건너온 강이다. 그러나 패수가 연나라 소왕 이후 중국과 고조선의 국경선으로 영원히 고착된 것은 아니다.

왜냐하면 백석산과 역수 유역이 연소왕 이전 고조선과 중국의 국경선이었으므로 패수 서쪽의 잃어버린 고토를 회복하기 위한 고조선인들의 노력이 중국이 혼란에 처할 때마다 끊임없이 가해졌기 때문이다.

하북성 보정시의 역수와 백석산이
고조선의 서쪽 경계임을 반증하는 왕포王褒의 시 '고구려'

왕포(513~576)는 남북조시대의 대표적인 시인이다. 그는 「고구려」라는 제목으로 쓴 시에서 "스산한 역수에는 물결이 일렁이고, 연나라와 조나라의 가인들이 많구나.(蕭蕭易水生波 燕趙佳人自多)"라고 말했다.

「고구려」라는 제목으로 쓴 왕포의 시에 왜 북한의 압록강이나

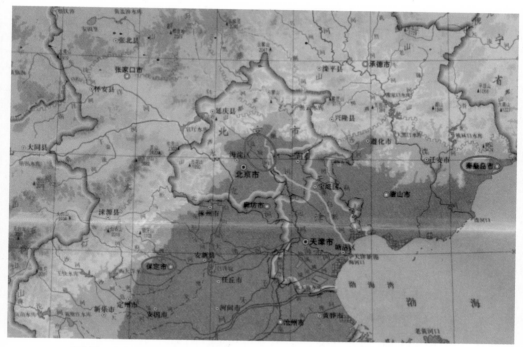

고조선의 수도였던 진황도시 노룡현 서쪽에 조백하가 있다. 지금의 조백하가 고대의 패수다.
조백하에서 훨씬 더 서쪽에 하북성 보정시가 보인다.

청천강이 아닌 하북성 남쪽의 역수가 등장하는가. 이는 남북조시
대에 하북성 남쪽 보정시에 있는 오늘의 역수가 고구려의 서쪽 경
계였음을 반증하는 결정적인 자료라고 본다.

왕포가 살았던 남북조시대는 중국의 한족은 약화되어 장강 남쪽
으로 쫓겨 가 동진東晉을 세워 겨우 명맥만을 유지했고 동북방의
선비족이 중원을 차지하여 낙양에 도읍을 정하고 북위를 건국했다.

이때 고구려에서는 불세출의 영웅 광개토태왕이 출현하여 한무
제가 북경 일대에 설치한 한사군을 모두 축출하고 고조선의 서쪽

고토를 완전히 회복하였다.

그런데 광개토태왕에 의해 회복된 한사군의 고토가 하북성 역수까지였다는 것은 한편 고조선의 서쪽 경계가 역수유역까지였음을 반증하는 것이기도 하다.

하북성 남쪽 보정시의 역수가 요수라는 주장은 1500년 전에 유신庾信이란 학자가 이미 언급한 것인데 요녕성의 요하가 요수라는 고정관념에 사로잡혀 있는 한국의 반도사학은 이를 귓등으로도 듣지 않는다.

한편 하북성 동쪽의 난하가 고대의 요수라고 믿어온 민족사학 또한 하북성 남쪽 보정시의 역수가 고대의 요수라는 주장에 대해 얼른 수긍하지 못한다.

그러나 역수가 요수라고 말한 유신의 주장과 「고구려」라는 제목으로 쓴 왕포의 시에 역수가 등장한다는 사실을 함께 연상해본다면, 하북성 보정시의 역수와 백석산이 바로 요수와 갈석산으로서 고조선의 서쪽 경계였다는 주장이 근거 없는 낭설이 아님을 깨닫게 될 것이다.

발해조선의 서쪽 경계와 중산국中山國

하북성의 역수는 고조선, 연나라, 조나라가 국경을 마주하고 있던 곳이다. 그래서 왕포의 「고구려」시에 역수 유역에 연나라, 조나라의 가인佳人이 많다고 말한 것이다.

중산국(서기전 414~서기전 295)은 연나라와 조나라 사이에 끼어 있던 동이족 국가로서 국명을 선우鮮虞라고 했다가 나중에 중산국으로 변경했다.

전국시대에 고조선의 서쪽 영토는 하북성 보정시까지였고 보정시 아래쪽에는 중산국이 있었다. 고조선과 국토가 연결되어 있었고 또 조선의 선鮮자를 사용한 선우라는 국가 명칭이 시사하는 바에서 본다면 선우는 선비족처럼 고조선에서 분리되어나간 세력일 가능성이 다분히 높다.

중산국의 소재지는 지금의 하북성 정주시定州市, 영수靈壽, 평산平山, 진주晉州 일대로 추정한다. 이 지역에서 중산국의 많은 유물들이 출토되고 있다.

중산국은 고조선의 서쪽 경계인 하북성 보정시를 경계로 그 아래쪽의 서남방 일대가 여기에 해당하는 지역으로서 고조선과 영토가 서로 겹치지 않는다.

『전국책』진책秦策에 따르면 "옛적에 중산국의 영토는 지방 오백리이다.(昔者中山之地 方五百里)"라고 하였다.

중산국의 초기 강역은 대략 북쪽은 지금의 당현唐縣 서남쪽, 남쪽은 석가장 일대, 서쪽은 산서성 우현盂縣 일대, 동쪽은 호타하의 충적지대이다.

중산국은 전국 7웅에 들지 못한 영토가 겨우 남북 200킬로미터, 동서 150킬로미터에 불과했던 아주 작은 나라였다.

한족 민족주의자들 가운데 중산국을 전국 8웅 운운하며 대국의 반열에 올려놓는 경우가 있는데 이는 백석산과 역수유역까지 이르 렀던 고조선의 서쪽 강역을 중산국의 강역으로 바꿔치기하기 위한 동북공정식 음흉한 발상이다.

　마치 일본이 한반도 남부의 임나일본부를 인정하기 위해 초기 백제를 부정하는 논리와도 흡사한 것으로서 한국사학의 입장에선 이런 위험한 논리를 극도로 경계해야 한다.

　최근 일부 한국 민족사학자 중에 난하 이동의 요서 지역이 고조 선의 서쪽 경계였다는 기존의 논리를 수호하기 위해, 중산국을 전

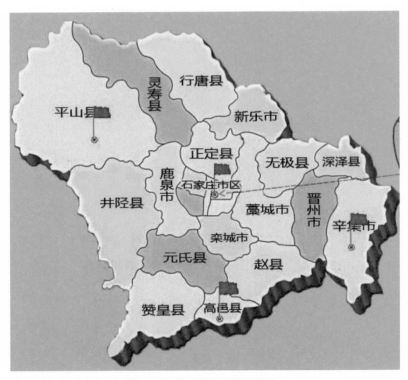

지금 석가장 지구의 평산, 영수, 정정, 진주 일대가 중산국이 있던 지역이다.

국 8웅으로 치켜세우며 하북성 보정시 일대가 모두 중산국 땅이었다고 목소리를 높이는 경우가 있다.

이는 중산국의 강역을 확대하고 고조선의 강역을 축소하여 북경 밖으로 밀어내려는 것으로서 중국의 동북공정 논리에 편승하는 한국사 말살 행위이다.

불전자축不戰自縮의 우를
더 이상 되풀이하지 말아야

『열하일기』의 저자 박지원은 사대주의자들이 "싸우지도 않고 스스로 우리 강역을 축소시킨다.(不戰自縮)"고 개탄했다. 잘못된 역사 인식으로 말미암아 우리 영토를 스스로 축소하여 중국영토에 편입시키는 못난 행위를 비판한 것이다.

고조선의 서쪽 강역을 난하 이동 요서지역으로 간주한 것은 청천강을 중국과 조선의 경계로 인식한 반도사관에 비하면 크게 진전된 견해임에 틀림없다.

그러나 하북성 남쪽의 백석산과 역수유역까지가 원래 고조선의 영토였다면 이 또한 지금 우리가 살고 있는 한반도보다 훨씬 더 큰 민족의 역사영토를 중국에 떼어주는 격이다. 싸우지도 않고 스스로 우리 강역을 축소시키는 우를 되풀이하는 꼴이 된다.

리지린은 북경과 하북성 일대가 고조선의 영토였다고 밝힌『사고전서』의 기록들을 접하지 못했다는 점에서, 그가 현재의 하북성 동쪽의 난하와 갈석산을 중국과 고조선의 경계로 설정한 우를 범한 것은 용인할 수 있다.

　그러나 이제는 필자에 의해 『사고전서』의 고조선 자료가 발굴 공개되었고 오늘의 북경을 넘어 하북성 남쪽 보정시 일대까지가 모두 고조선의 영토였다는 사실이 명백하게 밝혀졌다.

　새로운 자료가 이미 발굴 공개된 마당에 고조선의 난하 이동 강역설을 여전히 고집한다면 그것은 신사대주의란 비판을 면하기 어려울 것이다.

저자 심백강

역사학박사 / 민족문화연구원장

서구에서 엘빈토플러가 『제3의 물결』을 외칠 때 『제3의 사상-신자유주의와 제3의 길을 넘어서-』를 썼다. 새천년 인류의 새로운 패러다임을 제시한 동양권의 유일한 저작이다.

『퇴계전서』, 『율곡전서』, 『조선왕조실록』 등 한국의 주요 고전들을 번역한 국내 굴지의 한학자이자 동양학자이다. 『이야기로 배우는 동양사상』, 「불교편」, 「유가편」, 「도가편」은 동양사상의 대중화에 크게 기여했다. 한 학자가 유, 불, 도 삼교사상에 두루 정통하여 이를 각각 한권의 책으로 펴낸 것은 한, 중, 일 삼국을 통틀어 보기 드문 일이다.

『사고전서』는 청나라에서 국력을 기울여 편찬한 근 8만권에 달하는 사료의 보고다. 『사고전서』의 사료적 가치를 국내에 처음 소개하여 한국고대사 연구의 새장을 열었다. 최근에 저술된 『한국 상고사 환국』, 『잃어버린 상고사 되찾은 고조선』, 『사고전서 사료로 본 한사군의 낙랑』, 『교과서에서 배우지 못한 우리역사』는 『사고전서』를 바탕으로 강단사학과 재야사학을 넘어 한국 고대사의 체계를 새롭게 세웠다는 평가를 듣는다.

청와대 대통령실, 중앙공무원교육원 고위정책과정, 교육부 한일역사공동위원회, 경기도 교육청, 충남도청, 장성군청, 거제시청, 인간개발연구원, 동북아역사재단, 한국교원대학교, 한국학중앙연구원, 국정원, 국학원 국민강좌, KBS1TV 아침마당, KBS2TV 등에서 특강을 하였다.

『사고전서四庫全書』에 나타난
발해조선의 역사

초판 1쇄 인쇄 2024년 9월 20일
초판 1쇄 발행 2024년 9월 25일

지은이 심백강
발행인 육일
인 쇄 서울컴
펴낸곳 바른역사
편집 고연 | **표지** 고미자
주 소 서울시 서초구 반포대로23길 13, 5층 L104호
전 화 02-6207-2544, 031-771-2546

가격 23,000원
ISBN 979-11-952842-4-5